스베덴보리의 삼일성(三一性)

-바른 삼위일체 교리를 말한다-

이영근 지음

예 수 인

스베덴보리의

삼일성(三一性)

차 례

제1장 서론 : 바른 삼일성 교리(三一性 · 三位一體 敎理)는 종교 개혁의 시작이다 …………………………………………… 11

제2장 본론 : 삼일성의 논쟁은 "하나님 아들"(聖子)에 관한 문제다 ……………………………………………………… 15

1. 아리우스와 아타나시우스의 논쟁 / 15
2. 삼일성 교리의 바른 이해를 위한 제언(提言) / 22
3. 삼일성 교리의 논쟁은 하나님 아들론(聖子論)에 귀착(歸着) 된다 / 29
4. 하나님 아버지(聖父)에 관하여 / 33
 1) "하나님은 영원하시다"는 말의 뜻 / 33
 2) 성경말씀에는 영적인 뜻과 문자적인 뜻이 있다 / 35
 3) 하나님 아버지(聖父)의 속성(屬性) / 38
  ① 하나님에 관한 올바른 개념(神觀)의 중요성 / 39
  ② 한 분 하나님 / 40
  ③ 하나님은 사람(a Man) 자체시다 / 43
  ④ 하나님은 공간(空間) 안에 존재하지 않는다 / 46
  ⑤ 신령사랑과 신령지혜는 실체(實體)이고 형체(形體)이다 / 50
  ⑥ 하나님은 사랑 자체요, 생명 자체시다 / 54
  ⑦ 신령사랑의 본성(本性) / 57
  ⑧ 하나님의 무한성(無限性)과 영원성(永遠性) / 63
  ⑨ 하나님의 전능성(全能性) / 65
  ⑩ 하나님의 전지성(全知性) / 69
  ⑪ 하나님의 편재성(遍在性) / 72
  ⑫ 계시(啓示)로만 가능한 하나님에 관한 지식 / 74
5. 하나님 아들(聖子)과 사람의 아들(人子)에 관하여 / 75
 1) 하나님의 아들(聖子)에 관하여 / 75

2) 사람의 아들(人子)이 뜻하는 내용들 / 86
 6. 주님께서 아버지(聖父)가 되셨다 / 100
  1) 교리의 가르침 / 100
  2) 주님께서는 영원부터 여호와이시다 / 103
  3) 여호와께서 인성(人性 · the Human)을 입으셨다 / 107
  4) 주님께서는 인성(人性)을 신령하게 완성하셨다 / 109
  5) 주님께서는 자신에게 시험들을 허용하였고, 그것들을 정복하셨다 / 119
  6) 주님께서는 십자가에 의하여 신성(神性)과 인성(人性)을 합일(合一)하셨다 / 122
  7) 하나님의 아들(聖子)의 뜻 / 130
  8) 하나님은 사람이 되셨다 / 142
 7. 성령(聖靈)에 관하여 / 143
  1) 일반적인 정의 / 143
  2) 성령에 대한 모독(冒瀆) / 150
  3) 성령은 구약에서 거명되지 않았다 / 154
제3장 결론(結論) : 올바른 삼일성(三一性) 교리 ………… 155
1. 신령 삼일성(三一性)의 일반적인 정의 / 155
2. 창조 이전에는 하나님의 삼일성은 존재하지 않았고, 다만 하나의 개념적 존재, 또는 가능태적 존재로 존재하였다 / 160
3. 삼일성(三一性) 교리의 새로운 이해 / 163
4. 아타나시우스 신조(the Creed of Athanasius)의 새로운 이해 / 167
5. 한 인격의 삼일성(三一性 · a Trinity of Person)의 개념 / 171
6. 새로운 개념에 의한 삼일성(三一性) 교리의 뜻 / 173
후기(後記) : 팔불출(八不出)의 고언(苦言) / 179

제1장 서론 : 바른 삼위일체 교리는 종교개혁의 시작이다

철이 들고, 신학(神學), 특히 스베덴보리 선생님의 여러 책들을 읽게 되고, 그분의 신학적인 사상이나 사조(思潮)를 접하게 되면서 이런 '똘아이' 같은 생각을 하게 되었습니다. 한마디로 요약하면, 이른바 "종교개혁은 마틴 루터 선생님이나 칼빈 선생님이 한 것이 아니고, 멍청한 생각이고, 이단적인 발상이라고 지탄(指彈)하겠지만, 진정한 종교개혁(宗教改革)은 스베덴보리 선생님께서 행하신 것"이라는 생각이었습니다. 그런 멍청하고 이단적인 생각이 십수 년의 세월을 지내오면서 드디어 오늘에 이르러서 그 결실을 맺고, 얻게 되었습니다. 그러므로 부족하기도 하고, 때로는 비논리적인 내용이라고 하겠지만 나 자신은 나름대로 여러 해 동안 곱씹고, 반추(反芻)한 내용이라고 자부하기도 합니다.

스베덴보리 선생님께서는 그의 저서에서 깜짝 놀랄 이런 사실을 역설하시고 계십니다. "기독교회에는 두 시기들이 있어서, 하나는 주님 당신부터 니케아 회의까지의 기간이고, 다른 하나는 그 회의로부터 현재까지(=1771년까지)의 두 기간이다"는 것입니다.*1)

우리가 역사적인 사실로서 잘 알고 있는 것은 이른바 "니케아 종교회의*2)"에서 "아타나시우스 신조라고 하는 삼위일체 교리와 그리고 전가(轉嫁) 교리"에 의한 이른바 믿음만으로 구원받는다는 의유신득의(依唯信得義) 가르침이 배태(胚胎), 작금에 이르게 되었습니다(《순정기독교》 632항 참조). 여기서 전자, 곧 삼위일체 교리는 신관(神觀)에 관한 것으로 주님에 관한 이른바 "주님론"이고, 후자는 구원에 관한, 이른바 "구원론"입니다. 이 둘은 넓게는 교회의 교리의 요체(要諦)이고, 좁게는 한 사람의 신앙의 요체라고 하겠습니다.

스베덴보리 선생님은 이 니케아 종교회의에서 두 교리가 제정되면서부터 기독교는 신관(神觀)에서 크게 잘못되었고, 그리고 기독교회의 구원관(=구원론 · 救援觀)에서도 역시 잘못되었기 때문에, 기독교회는, 주님께서 제자들에게 이르셨던 "황폐하게 하는 가증스러운 물건이 거룩한 곳에 선 것을 본다"(다니엘 9 : 27 ; 11 : 31 ; 마태 24 : 15)는

---

*1) 《순정기독교》 760항 참조.
*2) 니케아 종교회의는 추후 325년 콘스탄틴 대제가 비드니아의 한 도시인 니케아에서 소집 개최되었다(《순정기독교》 632항 참조).

이른바 교회의 종말에 이르게 되었다는 것입니다 (≪순정기독교≫ 760·761항 참조).

그러므로 저는 오늘 "삼위일체 교리 소고"라는 논제를 다루게 되었고, 그리고 그것의 바른 이해를 통하여 교회가 교회의 본연의 구실을 찾는 계기가 되기를 제안하게 되었습니다. 왜냐하면 진정한 "종교개혁"은 신관(神觀)·성서관(聖書觀)·내세관(來世觀)이 올바른 뜻으로 바뀌고 개혁되는 것을 뜻하기 때문입니다. 그리고 이들의 세 가르침(敎理)이 종교의 근본이고 터전이기 때문입니다. 따라서 진정한 삼위일체 교리는 종교개혁의 출발이라고 생각합니다.

그렇다면 그 회의에서 결정된 이른바 "삼위일체 교리"가 그릇된 것인가? 아니면, 그 후 교회나 교회의 사람들이 그 교리를 잘못 이해하고 해석한 것인가? 그리고 그 교리가 잘못된 것도 아니고, 다만 잘못 이해하고 해석된 결과로 교회의 황폐를 자초한 것이라면, 그 원인은 무엇이고, 그리고 바르게 이해되어야 할 그 교리의 가르침은 어떤 것인지를 제가 다루고자 하는 주된 내용입니다.

사실 이러한 문제는 제 자신의 개인적인 작업이나 연구로 성취될 수 있는 것은 아니라고 생각하고, 따라서 저는 오늘 "그 문제의 대답을 제안하는 것"에 불과하다고 생각합니다. 따라서 이 바로잡음의 여정(旅程)은 길 것이고, 그리고 모두가 중지(衆志)를 모아야 하겠고, 또 기독교회를 개혁한다는 뜻에서 모두가 동참, 지혜를 모으고, 힘을 합해 가야 할 문제로 여겨, 그 대안(代案)을 제시하는 것으로 받아주시기 바랍니다.

  따라서 본 소고는 스베덴보리 선생님의 저서에 나오는 이른바 삼위일체 교리-선생님께서는 이 삼위일체 교리를 "삼일성(三一性)의 교리"라고 하셨는데-의 내용을 간략하게 소개하고, 그리고 오늘의 삼위일체 교리가 잘못 이해, 해석되고 있는 원인이 무엇인지, 그리고 그것의 바른 해석이나 이해는 어떻게 정리되어야 하는지를 스베덴보리 선생님의 저서를 토대로 해서 살피고자 합니다.

제2장 본론 : 삼일성의 논쟁은 "하나님 아들(聖子)"에 관한 문제다

1. 아리우스와 아타나시우스의 논쟁

 일반적으로 교회에서 통용되고 있는 이른바 "삼위일체 교리"는, 목사님이나 교회 교사들에게서 배운 것이지만, 그것은 "영원 전부터 계신 하나님 아버지와 하나님 아들, 그리고 성령은 각각 세 인격으로 계시지만, 셋이 아니고 한 분 인격으로 계시는 분"이라는 정의(定義)였습니다. 그럼에도 불구하고 이런 교리의 내용이나 정의, 그리고 그 교리에 관한 문답은 세례를 받기 전에 있는 "세례문답"에서나 있을 정도이고, 대개는 교회의 일상에서는 거의 문제가 되지도 않고, 문제가 될 수도 없었습니다. 그 이유 중 가장 큰 것은 이른바 "삼위일체 교리"는 너무나 성스럽고 고차원적인 교리이기 때문에 교인들은 함부로 입에 그것을 올릴 그런 것이 아니라는 교회의 이른바 전통 때문입니다.
 그러나 "삼위일체 교리"에 대한 생각이나 현실 문제는 나이가 들게 되면서, 때로는 성경말씀을 읽을 때 "유일신 하나님"이 복수적인 신관(神觀)으로 표기되기도 하였고, 특히 창세기 첫 장에서 그런 개념이 등장하고 있는데, 그것은 곧 "하나님이 말씀하시기를 '우리가 우리의 형상을 따라서, 우리의 모양대로 사람을 만들자' 하시고,……사람을 창조하셨다"(창세기 1 : 26)는 말씀입니다. 그리고 한글로 편집, 출판된 구약의 성경말씀에는 이른바 복수적인 신(神) 개념으로 "만군의 하나님" 즉 엘로힘(Elohim)이라는 복수적인 낱말로 "하나님의 호칭"이 표기되었다는 것도 알게 되었습니다.

이런 저런 경우에 부딪치면서 "삼위일체 교리"에 대한 생각을 가지고 교회생활을 하지만, 대개는 그 누구도 그 교리에 관한 것을 명확하게, 또는 상세하게, 그리고 교회생활의 현실에서 부딪치는 그 교리의 난해(難解)한 점들에 관해서 속시원하게 가르쳐 주지 못하고 있다고 생각하게 되었습니다. 이런 때에 사전이나 그 교리에 관한 책들을 찾게 될 때 대면하게 되는 것이 이른바 "아리우스와 아타나시우스의 논쟁"입니다. 전자 즉 "아리스우스"의 주장입니다. 이른바 "아리우스의 단일신론"(單一神論)을 요약하면 이런 내용입니다.[3]

---

[3] ≪그리스도교 대사전≫, 아리우스(Arius)와 아리우스 주의 (Arianism)난 참조.

아리우스의 사상은 삼위일체론을 배격하고, 군주신론적 시관을 고조한 데서 찾아 볼 수 있다. ······ 아들은 어디까지나 피조(被造)적 존재로 간주했다. ······하나님은 영원하지만 아들에게는 처음(=시작)이 있었고, 하나님은 창조자이지만, 아들은 다른 피조물과 마찬가지로 무(無)에서 창조되었다.

아리우스는 성부(聖父)만이 참 하나님이고, 성자(聖子)와 성령(聖靈)의 신성(神性)을 부정한다. 왜냐하면 성부만이 신격의 본질적 속성인 무출생(無出生)의 존재이며, 영원불변적이기 때문이다. 로고스(logos)인 그리스도는 성부로부터 유래했으며, 하나님과 세계의 중간 존재로서 모든 피조물 위에 있기는 하나 역시 하나님의 완전하신 첫 피조물이다. 그는 성부의 본질로부터의 피조가 아니라 무로부터 성부의 뜻에 의한 피조이기 때문에 양자를 택함을 받음으로써만 하나님이며, 제2차적인 의미에서 하나님일 수는 있으나 역시 피조물이므로 존재하지 아니한 때가 있었다.

우리가 여기서 주목하여야 할 것은, 특히 아타나시우스의 삼위일체 교리에서도 역시 주목하여야 할 것이지만, 이른바 성자(聖子), 즉 하나님 아들에 관한 내용이 되겠습니다.

이에 대하여 맞섰던 아타나시우스의 견해는 이러합니다.

이른바 아타나시우스의 신조의 저자가 누구이냐?는 논쟁이 있기는 하지만, 이 신조가 그의 저작이라는 것을 서방교회는 8세기 말부터이고, 그 후 차츰 이것이 널리 채용되었습니다. 아리우스가 "아들은 신이 아니므로 구원하거나, 불변적인 존재가 아니며, 성부보다 늦게 존재하였다"라는 주장에 대하여 아타나시우스는 "아들은 아버지의 본질에서 나온 존재요, 아버지와 동일 본질이다"라고 주장하였습니다.*4)

다음은 스베덴보리 선생님의 저서 《순정기독》에 기재된 내용을 소개하겠습니다.*5)

주후 325년에 니케아에서 소집된 이른바 "니케아 종교회의"는 두 신경(信經)을 결정하였습니다. 그 하나는 "니케아 신경"이고 다른 하나는 "아타나시언 신경"입니다. 이 두 신경은 이른바 "영원 전부터 세 신령 인격들(from eternity three Divine persons), 즉 성부(聖父)·성자(聖子)·성령(聖靈)이 존재한다는 것을 결정하였습니다. "니케아 신경"은 이런 내용을 언급하고 있습니다.

나는 한 분 하나님, 전능하신 아버지, 천지(天地)의 조성자(造成者)를 믿고, 그리고 한 분 주님, 예수 그

---
*4) 전게서, 아타나시오스(=아타나시우스)항 참조.
*5) 《순정기독교》, 632항 참조.

리스도, 하나님의 아들, 아버지의 독생자, 오래 전에 탄생하신 분, 하나님의 하나님, 아버지와 더불어 동일한 본질이신 분을 믿으며, 그분은 하늘(heaven)에서 강림하셨으며, 성령에 의하여 동정녀 마리아에게서 육신을 입으신 것을 믿으며, 성부와 성자에게서 발출(發出)하신 성령과 주님과 생명의 수여자를 믿으며, 성령은, 성부와 성자와 더불어, 예배를 받으시고, 영광을 받으실 분임을 믿는다.

그리고 "아타나시언 신경"에는 이런 내용이 언급되었습니다.

가톨릭 신앙은 이것이다. 우리는 삼위일체(三位一體 · trinity)의 한 분 하나님과 단일성의 삼위일체인 하나님을 예배한다. 그 삼위(三位 · the Persons)를 혼돈해서는, 또 그 본질(本質 · the Substance)을 분할해서는 안 된다. 그러나 우리는 기독교 진리에 의하여, 각 위(位) 그 혼자만으로 하나님이시고, 주님이심을 시인하도록 강요받는다. 그러므로 우리는, 가톨릭 종교에 의하여 세 신들(three Gods)이 있다거나, 세 주들(three Lords)이 있다고 말하는 것이 금지된다.

그러므로 여기서 우리가 알 수 있는 것은 세 신(三神)들이나 세 주(三主)들이 있다고 시인하는 것은 합법적이지만, 그렇게 입으로 말하는 것은 합법적이 아니라는 것입니다. 즉 전자는 종교가 금지하기 때문에 합법적이 아니고, 진리가 그것을 시인하기 때문에 후자는 합법적이라는 것입니다. 이 아타나시언 신경은 니케아 종교회의가 개최된 즉시, 그 회의에 참석했던 하나 또는 몇몇에 의하여 성문화(成文化)되었고, 우주적 또는 가톨릭 신조로 수용되었습니다. 이상에서 잘 알 수 있는 사실은, 영원 전부터 계신 삼위(三位)들이 시인되어야만 한다고 의결, 제정되었다는 것이고, 그리고 그 각 위(位)가 홀로 자기 혼자서 하나님이시지만, 그럼에도 불구하고 그들이 세 신(三神)들이나 세 주(三主)들이라고 불려져서 안 되고, 오직 한 분의 신(神)이시고, 한 분의 주(主)시라고 불려야만 한다고 가결되었다는 것입니다.

다시 말씀드리면 "삼위일체 교리"는 하나님의 아들 예수의 신성(神性)을 시인하느냐? 여부의 논쟁이었다고 요약할 수 있겠습니다. 사실 "예수의 신성의 문제"는 삼위일체 교리의 주 내용이기도 하지만, 또한 오늘날까지 "예수의 신성"을 명쾌하게 설명하지 못하고 있다는 데서 문제가 야기된 주된 원인이기도 합니다. 종국에는 삼위일체 교리의 본연의 가르침이나 뜻에 정반대되는 이른바 "삼신이주(三神二主)"의 그릇된 신관을 생성하게 되었고, 따라서 기독교회의 진정한 가르침이나 신앙을 왜곡(歪曲)시키는 이단사설(異端邪說)의 근원을 제공하는 빌미가 되기도 하였습니다.

"삼위일체 교리"가 오늘에는 그 교리의 진의(眞義)를 알지 못하는 사람들이나 그런 교회들에 의하여 왜곡되고, 이단사설적이 되었다는 것과 함께, 우리가 또 하나 잊지 말아야 할 제언이 있는데, 삼위일체 교리에서 성경에는 이른바 "삼위일체"라는 용어가 없다는 것이고, 따라서 그 후에 교회가 신학적으로 표현한 용어가 '삼위일체론' 또는 '삼위일체 개념'이라고 하겠습니다. 우리가 잘 알고 있듯이 성경에는 "삼위일체"라는 낱말은 없지만, 그 낱말을 구성하는 낱말들, 즉 아버지 하나님(聖父), 아들 하나님 또는 하나님 아들(聖子)이나 성령(聖靈)이라는 낱말들은 모두가 있는 것이고, 이것을 신학적으로, 또는 신앙적으로 체계화한 것이 "삼위일체 교리"라고 하겠습니다. 사실 삼위일체 교리와 같이 성경에는 그런 표현의 낱말이 없으면서도 교리나 신학에 두루 쓰이는 낱말들도 여러 있습니다. 예를 들면 유대교회의 선민사상(選民思想), 그리고 오늘날 기독교계에 만연(蔓延)되어 있는 예정론(豫定論)이나, 믿음만으로 구원받는다는 이른바 의유신득의(依唯信得義)의 교리 따위의 용어들이 되겠습니다. 이런 내용과는 좀 다르긴 하지만 우리가 쓰고 있는 낱말의 표현에서 그 본연의 개념이나 내용을 왜곡하거나 잃어버린 낱말들로는 천국(天國)·천당(天堂)이나 지옥(地獄)이라는 낱말들이 되겠습니다. 주님의 나라 천국이 어떻게 저 하늘 창공(蒼空)에 있고, 지옥이 이 지구의 땅속 깊은 곳에 있습니까?

  이런 것들은 이른바 거룩하고, 신령한 것의 낱말적인 표현들이기 때문에 빚는 극히 일상적인 것입니다. 따라서 주님의 말씀이나 성경말씀, 특히 주님이나 주님나라에 속한 것들의 낱말적인 표현들에서 어쩔 수 없이 우리가 범하게 되는 한계(限界)라고 하겠습니다. 이런 뜻에서 보면 우리의 논제인 "삼위일체 교리"도 역시 낱말적인 표현의 한계를 지니고 있다고 하겠습니다.

2. 삼일성 교리의 바른 이해를 위한 제언(提言)

  우리가 아리우스 신경이나 아타나시우스 신경을 바르게 이해하기 위해서는 그 신경들에 등장하는 낱말들(=용어들)의 뜻을 성경말씀에서의 그 낱말들의 뜻에서 찾아야 하고, 그리고 그 뜻들을 바르게 이해할 때, 그런 낱말들로 정의된 그 신경도 바르게 이해할 수 있을 것입니다. 왜냐하면 그 신경의 요지나 내용은 모두가 성경말씀의 낱말들(=용어들)에 기초하고 있기 때문이고, 따라서 성경말씀의 그 낱말들의 뜻을 바르게 이해할 때 역시 그 신경의 요지나 내용도 바르게 이해할 수 있기 때문입니다.

여기서 우리가 바르게 깨달아야 할 사실은 성경말씀이, 성경말씀에 기술된 이른바 국어사전적인 뜻, 즉 문자적인 뜻(=자연적인 뜻)뿐만 아니고, 이른바 영적인 뜻, 즉 시간과 공간을 초월한 뜻, 또는 주님나라에서 통용되는 뜻(=영적인 뜻)을 지니고 있다는 것입니다. 왜냐하면 한마디로 성경말씀(=성경책에 기술된 말씀)은 그것이 이 세상에 있기 전에도 있었기 때문입니다. 이러한 사실은 요한복음서에서 아주 잘 알 수 있습니다.

> 태초에 말씀이 계셨다. 그 말씀은 하나님과 함께 계셨다. 그 말씀은 하나님이셨다. 그는 태초에 하나님과 함께 계셨다. 모든 것이 그로 말미암아 생겨났으니, 그가 없이 생겨난 것은 하나도 없다(요한 1 : 1–3).

스베덴보리 선생님의 책늘을 번역할 때 채택된 낱말 성언(聖言 · the Word)은 대부분 "태초에 계셨던 말씀"을 뜻합니다. 그러므로 성언은 만물의 근원을 뜻하고, 따라서 말씀 자체를 뜻합니다.

여기서 우리가 믿고 깨달아야 할 내용에서 그

첫째는 이른바 '성경책의 말씀'이 있기 전에 "그것의 근원이나 출처(出處)되는" 이른바 성언(聖言)이 있었다는 것이고, 그리고 그 성언은 주님나라에서 통용되고, 또는 천사들이 이해하고 그들에게서 통용되는 뜻을 가지고 있다는 것입니다. 스베덴보리 선생님은 주님나라에서 통용되고, 천사들이 이해하고, 그들에게서 통용되는 성경말씀의 뜻을 "속뜻(內意) 또는 영적인 뜻"이라고 하였습니다. 이러한 내용은 스베덴보리의 저서 ≪새로운 교회의 사대교회≫의 이른바 말씀론(the Doctrine of the New Jerusalem Concerning the Holy Scripture)의 제1장부터 5장(=그 책 1-61항)에 상세하게 기술, 설명하고 있습니다.*6)

≪사대교리≫에 기술된 내용의 작은 명제(命題)들은 이러합니다.
1. 성경(聖經 · the Holy Scripture), 즉 성언(聖言 · the Word)은 신령진리 자체이다.
2. 성경말씀에는 영적인 뜻이 있지만, 지금까지 알려지지 않았다.
3. 성경말씀의 문자적인 뜻은 성경말씀의 영적인 뜻과 천적인 뜻의 기초(基礎)이고, 그릇(容器)이고, 버팀목(支柱)이다.

---

*6) ≪새로운 교회의 사대교리≫는 <예수인>에서 2003년 발행하였다.

4. 성언의 문자적인 뜻 안에 있는 신령진리는 그것의 충만함 · 거룩함 · 능력 안에 존재한다.
5. 교회에 속한 교리는 성언의 문자적인 뜻에서 생성되어야 하고, 그것은 그 뜻에 의하여 확증되어야 한다.

이상에서 볼 때 성경말씀, 다시 말하면 오늘 우리가 가지고 있는 성경책에 기술된 말씀은, 그것이 지금과 같이 있기 전에 이미 주님의 말씀, 즉 성언(聖言)으로 있었다는 것입니다. 따라서 이른바 "삼위일체 가르침"이라는 용어나 낱말이 성경에 없다고 해도[7], 오늘날 모든 교회가 믿고 있듯이, 그것은 성경말씀에 기초하여서, 성경말씀에서 추출(抽出)한 것임은 사실입니다. 따라서 우리는 성경말씀의 겉뜻(文字意), 또는 자연적인 뜻에서가 아니고, 성경말씀의 속뜻(內意) 또는 영적인 뜻에서 삼위일체의 가르침의 정의에 쓰여진 낱말들을 바르고 옳게 이해한다면, 이른바 국어사전적인 뜻에서 이해하는 내용과는 판이(判異)하게 이해할 수 있고, 그리고 성경말씀에 입각(立脚)한 "정말 진정한 뜻의 삼위일체 가르침"을 정의할 수 있고, 따라서 단순히 문자적인 뜻에서 빚는 수많은 오류나 오해를 바르게 교정할 수 있다고 하겠습니다.

---

[7] ≪그리스도교 대사전≫ "삼위일체"항 참조

그러므로 이른바 "아타나시우스 신경"에 기술된 용어들을 국어사전적인 그 용어의 뜻이 아니라, 그 용어들을 우리가 지금 가지고 있는 성경책의 성경말씀의 영적인 뜻에서 설명하고, 이해하고, 따라서 성경말씀의 영적인 뜻에서 삼위일체 가르침의 바른 내용을 스베덴보리 선생님의 책들에 기초하여 말씀드리고자 합니다.

먼저 지금까지 널리 통용되고 있는 "니케아 신경"과 "아타나시우스 신경"을 다시 읽어보겠습니다.

먼저 니케아 신경입니다. "나는 한 분 하나님, 전능하신 아버지, 천지의 조성자를 믿고, 또 주 예수 그리스도 하나님의 독생하신 아들 즉 성부와 같은 본질이시고, 천계로부터 강림하셔서 성령에 의하여 동정녀 마리아에게서 나신 분을 믿으며, 성령 즉 성부와 성자에게서 발출되셔서 성부와 성자와 더불어 예배받으시고, 영광을 받으시는 생명의 수여자를 믿나이다."

그리고 아타나시언 신경에는 이렇게 기술되었습니다.

"가톨릭 신앙은 이것이니, 우리는 삼위일체의 한 분 하나님을 예배하나니, 단일성 안의 삼위일체 인격(位)들을 혼동하거나 본질을 분할하지 않고서 예배한다. 대저 성부의 위(位)나 성자의 위(位), 그리고 성령의 위(位)는 하나이기 때문이다. 그러나 우리는 기독교 진리에 의하여 각 위 그 혼자만으로 하나님이시고, 주님이심을 시인하도록 강요된다. 그러므로 우리는 가톨릭 신앙에 의해서 세 신(神)들이 있다거나 세 주(主)가 있다고 말하는 것이 금지된다."

이런 내용에 대해서 스베덴보리 선생님은 "진리는 전자를 가르치는데 종교는 후자를 금하고 있다. ……영원부터 있는 세 위들이 시인되어야 한다고 교령(敎令)이 내려졌다. 그 각 위가 홀로 자기 혼자서 하나님이지만, 그러나 그럼에도 불구하고 그들이 세 신들이라거나 세 주들이라고 일컬어져서는 안 된다는 교령이 내려졌다"고 평하였습니다.[*8)]

그리고 스베덴보리 선생님은 "전 기독교계에 수용된 교회의 가르침"이라고 하여, 아타나시우스 신조에서 이렇게 발췌, 기술하고 있습니다.

우리 주 예수 그리스도, 하나님의 아들은 하나님이시고 사람입니다. 그분은 비록 하나님이시고 사람이시지만, 그럼에도 불구하고 그분은 둘이 아니고 한 분 그리스도이십니다. 인간성(人間性 · the manhood)은 하나님으로 담당하시는 것에 의하여, 하

---

*8) ≪순정기독교≫ 632항 참조.

나님이십니다. 인격의 하나됨(合一 · unity of person)에 의하여 전적으로 하나이십니다. 왜냐하면 온당한 영혼과 육신이 한 사람(one man)인 것과 같이 하나님과 사람은 한 분 그리스도이시기 때문입니다.*9)

오늘 한국 기독교계에 문자적으로 널리 보급된 "삼위일체 교리"의 내용은 이렇게 요약될 수 있겠습니다.*10)

살아 계시고 참되신 하나님은 오직 한 분 뿐이시다. 그는 영원하시고, 무한하시다. ……하나님은 모든 생명, 영광, 선과 축복을 그의 안에 스스로 가지시며, 이 모든 것이 그에게서 나온다. ……그는 모든 존재의 유일한 근원이시며 만물이 그에게서 나오고, 그로 말미암아 그에게로 돌아간다. ……신격의 통일체에 삼위가 계시는데, 성부 하나님, 성자 하나님, 성령 하나님으로 그 실체와 능력과 영원성은 하나이시다. 성부는 누구에게 속하시지도 않고, 어디에서나 나신 바 되지도 않고, 나오시지도 않고, 성자는 영원히 성부에게서 나시고, 성령도 영원히 성부와 성자에게서 나오신다.

---

*9) ≪사대교리≫ "주님에 관한 새 예루살렘의 교리" 29항 참조.
*10) ≪대한 예수교 장로회 총회 헌법≫(개정판) "제2장 하나님과 성 삼위일체에 관하여" 참조.

앞에서도 언급하였지만, 이른바 "삼위일체 교리"는, 아리우스와 아타나시우스에게서 볼 수 있듯이, "성자 하나님"이 누구이시며, 그의 신성(神性)이 진정한 신성, 다시 말하면 그의 영원성, 그의 무한성을 스스로 지니시며, 따라서 그는 모든 존재의 유일한 근원이시고, 그러므로 누구에 의한 피조물(被造物)이 아니고, 당신 스스로 존재한다는 논쟁이었다는 것에 주목하여야 하겠습니다.

3. 삼일성 교리의 논쟁은 하나님 아들론(聖子論)에 귀착(歸着)된다

하나님 아들(聖子), 즉 예수, 또는 예수 그리스도에게 신성(神性)이 없다는 아리우스 주장과 그분에게 신성이 있다는 다툼이 한마디로 이른바 니케아 종교회의의 주제였고, 골자였습니다. 스베덴보리 선생님께서는 그 종교회의를 이렇게 평하고 있습니다.*11)

콘스탄틴 대제가 아리우스의 가증한 교리를 그의 제국에서 척결(剔抉)하기 위하여, 바드니아 시의 니케아에 있는 그의 궁정에서 아시아 · 아프리카 · 유럽의 감독들을 소집하였습니다. 이와 같은 일은 주님

---

*11) ≪스베덴보리 신학총서 개요≫ 529 · 530쪽 참조.

의 신령섭리(神靈攝理 · the Lord's Divine Providence)에 의하여 행해졌습니다. 왜냐하면 만약 주님의 신성(神性)이 부인되었다면, 기독교회는 죽어 버리고 말았을 것이고, "여기에 잠들어 누워있다"는 식의 비문(碑文)이 새겨진 무덤처럼 매장되었을 것이기 때문입니다. 이 교회는 사도(使徒)시대라고 부르기 이전에 존재하였습니다. 그리고 이 교회의 저명한 저술가들을 교부들(敎父 · the fathers)이라고 부르며, 참된 기독교인들을 서로 형제(兄弟 · brother)라고 불렀습니다. 이 교회는 세 신령위들 (three Divine Persons)을 시인하지 않았고 따라서 영원 전부터 계신 하나님의 아들(a Son of God)만 시인하였다는 것은 사도교회라고 불리운 그들의 교회에서 비롯된 이른바 사도신경(使徒信經 · the Creed)에서 아주 명백합니다. 이 신경에는 이런 말이 있습니다. 즉 "전능하신 천지를 만드신 하나님 아버지를 믿사오며, 우리는 성령에 의하여 잉태되시고, 동정녀 마리아를 통하여 태어나신 주님 예수 그리스도를 믿사오며, ……성령을 믿사오며, 거룩한 보편적인 교회를 믿사오며, 성도(聖徒 · saints)들의 교통을 믿사오며……"라는 글입니다. 이상의 글에서 명확히 알 수 있는 것은, 그들은 성령에 의하여 잉태되어, 동정녀 마리아에게서 탄생하신 하나님의 아들 이외에 다른 아들, 즉 영원 전부터 탄생하신 그 어떤 하나님의 아들을 시인하지 않았다는 것입니다. 이 신경도, 다른 두 신경과 같이, 기독교 전체

에 의해서 오늘날까지 진실된 보편적인 것으로 시인
되고 있습니다.

　초대교회 시대의 기독교계의 모두는 주님 예
수 그리스도께서 하나님이심을 시인하였고, 당
신의 말씀에 따라서(마태 28 : 18 ; 요한 17 :
12) "주님에게 하늘과 땅과 그리고 만인을 다
스리는 권세가 주어졌다"고 시인하였고, 그리고
그들은 하나님 아버지에게서 비롯된 그분의 계
율에 따라서 그분을 믿었다는 것(요한 3 : 15,
16, 36 ; 6 : 40 ; 11 : 25, 26)은, 동정녀 마리
아에게서 나시고 구주이신 주님의 신성을 부인
한 아리우스와 그 추종자(追從者)들을 성경말씀
으로 유죄라고 선고하고, 정죄할 목적으로 콘스
탄틴 대제에 의하여 소집된 모든 감독들의 집
회에서 잘 알 수 있습니다. 사실인즉슨 이것은
이런 결과를 가져왔습니다. ……그들은 주님에
대한 신성을 입증하고 회복시키려고 한 것이
인성을 입고, 강림하신 영원 전부터 게신 히니
님의 아들을 발명한 꼴이 되고 말았습니다. 그
들은, 우주의 창조주 하나님 당신께서 속량주가
되시기 위하여 강림하셔서 새로운 창조주(the
Creator anew)가 되신 것을 알지 못하였습니다
(이사야 25 : 9 ; 40 : 3, 5, 10, 11 ; 43 : 14 ;

44 : 6, 24 ; 47 : 4 ; 48 : 17 ; 49 : 7, 26 ; 60 : 16 ; 63 : 16 ; 예레미야 50 : 34 ; 호세아 13 : 4 ; 시편 19 : 14 ; 요한 1 : 14).

앞에서 언급하였듯이 니케아 종교회의 때부터 오늘날까지를 기독교회의 멸망의 때라고 규정하고 있으면서도 스베덴보리 선생님께서는 삼위일체 교리—그는 이것을 삼일성(三一性)의 교리라고 불렀다—를 부인하지 않았고, 그것을 믿었습니다. 이러한 사실은 여러 가지에서 입증될 수 있습니다. 그 첫째는 삼위일체 교리(=삼일성 교리)는, 다른 사람들과는 달리, 성경말씀에 기초하고 있고, 그 가르침 내용도 성경말씀에서 비롯되었다는 것입니다. 그 둘째는, 따라서 선생님은 "니케아 종교회의"까지도 신령섭리로 믿었습니다.

그러므로 스베덴보리 선생님은 니케아 종교회의나 아타나시우스 신경에 나오는 용어들도, 결코 성경말씀의 문자적인 뜻으로 이해, 해석하지 않고, 성경말씀의 영적인 뜻으로 이해, 해석하였고, 그리고 그 신경을 이와 같이 영적인 뜻으로 이해하고 해석한다면, 성경말씀이나 기독교회의 교리, 또는 신앙에 결코 배척(排斥)되지 않는다고 생각해서, 성경말씀의 영적인 뜻으로 이해, 해석되어야 한다는 이른바 "새로운 뜻의 삼일성의 교리"라는 내용으로 새롭게 제시하였고, 그리고 그것에 의하여 삼일성(=삼위일체) 교리는 성경말씀적인 것으로 수용, 시인하였습니다. 이러한 결과는 이 책의 결론으로 언급하겠습니다.

따라서 "삼위일체 신경"에 나오는 문제가 되는 용어들을 성경말씀의 영적인 뜻을 기초해서, 재조명하겠습니다.

4. 하나님 아버지(聖父)에 관하여
1) "하나님은 영원하시다"는 말의 뜻

먼저 "영원하시다"는 낱말에 관해서 설명하겠습니다. "영원하다"(永遠 · eternity · eternal)는 낱말의 국어사전적인 뜻은 시간을 초월하여 존재하는 일, 또는 시간에 좌우되지 않는 존재를 뜻합니다. 시간을 초월하여 존재하는 일, 또는 시간에 좌우되지 않는 존재입니다. 다시 말하면 '시간 밖의 존재'를 뜻하고, 따라서 '시작과 끝이 없는 존재'를 뜻합니다. 그러므로 일반적으로 "영원하신 존재" 또는 "영원하신 하나님"은 시간적으로 시작과 끝이 없는 존재라는 뜻입니다. 그리고 존재(存在 · Being)나 살아 있는 것은 영원한 것을 서술합니다 (≪천계비의≫ 726항 참조). 스베덴보리 선생님은 "영원"에 관해서 사람은 영원에서 비롯된 것을 결코 이해할 수 없고, 따라서 영원에 속한 것은 아무엇도 알지 못하지만, 천사들은 그것을 알 수 있는데 그 이유는 그들에게 영원한 것은 실재(實在)의 측면에서 무한(無限)하기 때문이라고 하였습니다(전게서 3938(2)항 참조). 천사에게는 "두 상태"가 있는데, 말하자면 존재(存在 · Being)의 측면에서의 상태와 실재(實在 · 生成 · Existere)의 측면에서의 상태가 있는데, 전자, 즉 존재의 측면에서의 상태는 공간(空間)에 대응하고, 후자, 즉 실재의 측면에서의 상태는 시간에 대응합니다(전게서 3938(2)항 참조). 그러므로 주님 안에는 무한(無限)한 것이 있고, 따라서 주님 안에는 존재(存在 · esse)가 있지만, 그러나 영원한 것은 그분 안에 있지 않고, 다만 그분에게서 비롯된 것에만 있는데, 결과적으로 실재(實在)는 그분에게서 비롯되었습니다(전게서 3404(2) · 3701 · 3938(2) · 5264항 참조). 그럼에도 불구하고 성경에는 그 낱말이 무엇을 뜻하느냐에 따라서 각각의 다른 "낱말들"로 표기되어 있습니다. 따라서 "영원"(=오래전 · 영원한 날들 · days of eternity)(이사야 51 : 9)은 신령 천적인 것, 즉 선에 관해서 서술하고, "세대들"(=대대로)(출애굽기 26 : 21)은 신령 영적인 것, 즉 진리에 관해서 서술합니다(전게서 9789항 참조). 따라서 임시적인 것들은 "영원한 것"에 전혀 비례하지 않고, "영원"까지 이어지는 것은 곧 '존재'라는 것이고, 끝이 있는 것은 상대적으로 존재하는 것은 아닙니다(전게서 10409(3) 참조). 결론적으로 말하면 "하나님은 영원하시다" 또는 "영원하신 하나님"은 시작도 끝도 없으신 존재이시다는 것, 따라서 "언제나 항상 현재(現在)"이시다는 것을 뜻합니다. 왜냐하면 영원은 곧 현재이기 때문입니다.

2) 성경말씀에는 영적인 뜻과 문자적인 뜻이 있다

우리가 성경말씀을 수차에 걸쳐서 읽다가 보니까 성경말씀에 반복되는 일반적인 낱말들이 이른바 국어사전적인 뜻을 뜻하지 않고, 성경말씀의 일반적인 낱말들이 이른바 "특별한 뜻"을 가지고 있다는 사실을, 비록 체계적이지는 못하고, 몇몇의 개별적인 것의 것들이기는 하지만 "그 특별한 뜻"을 발견하게 되었고, 알게 되었습니다.

우리가 잘 알고 있는 이런 "낱말들"을 예로 들면, 하늘에 떠 있는 "해 · 달 · 별"이나, 사람에게 유익하고 순한 짐승들로는 "양 · 염소 · 소 · 비둘기"가 있고, 이런 것들과는 정반대가 되는, 사람에게 해가 되고, 사나운 짐승들인 "뱀 · 여우 · 늑대" 등이 있습니다. 이와 같이 "특별한 뜻"으로 사용된 성경말씀의 낱말들은 수도 없이 많이 있습니다. 역시 그런 것들의 대표적인 것들을 예로 든다면, 숫자들로는 시험을 뜻하는 "40 · 400"이나, 사람의 중생이나 거룩한 것을 뜻하는 "일곱(7)"이나, 그밖의 숫자들로는 "여섯(6) · 셋(3) · 둘(2) · 열(10) · 백(100)"이 있습니다. 그 어떤 상태를 뜻하는 "밤 · 낮 · 아침 · 저녁 · 봄 · 여름 · 가을 · 겨울"이나, "어린 아이 · 어른 · 나이 많은 노인" 그리고 "남자 · 여자" 또는 "남편 · 아내", "사내 · 여인"이나, 지극히 자연적인 현상들을 뜻하는 낱말들로는 "바람 · 홍수 · 비 · 이슬 · 햇빛 · 어둠 · 밝음"이 있고, 우리 사람의 인체와 관련된 것으로는 "머리 · 목 · 가슴 · 배 · 허리 · 손 · 발 · 머리카락"이 있고, 먹는 음식물로는 "물 · 포도주 · 빵 · 고기 · 생선 · 죽 · 여러 종류의 기름"이 있고, 그리고 먹는 것은 아니지만 일종의 마시는 것의 으뜸으로는 생명으로 여기는 "피 · 젖" 등등이 있습니다. 이러한 예들은 성경말씀에 수도 없이 있습니다. 그리고 그런 낱말들이 성경말씀에서 다루는 주체가 누구이며, 그가 어떤 상태와 관계된 것이냐?는 관점에서 보면 그 낱말들은 물론이고, 그것들의 뜻이나 내용에서 보면 그런 예는 수도 없이 많다고 하겠습니다.

   스베덴보리 선생님께서는, 성경말씀의 낱말들은 말할 것도 없고, 거기에 기술된 스토리나 단원에 기술된 그 낱말들을 체계적으로 연구하여, 이른바 "비유(比喩) · 대응(對應) · 표징(表徵) · 표의(表意)"

의 뜻에서 성경말씀을 해석하였습니다. 이런 뜻으로 해석된 대표적인 그분의 저서들로는 이른바 창세기서와 출애굽기서의 해설서인 "천계비의(天界秘義 · the Arcana)"와 묵시록서의 해설서인 "묵시록 해설(the Apocalypse Explained)"과 "묵시록 계현(the Apocalypse Revealed)"*12)의 책들이 있습니다.

우리가 잘 알고 있듯이, 이 책들—천계비의 · 묵시록 해설 · 묵시록 계현— 이외에도 10여권의 책들이 있습니다. 따라서 그 책들에 나오는 이른바 "영적인 뜻으로 해설된" 낱말들이나 용어들을 모은 책들로 대표적인 책은 "the Swedenborg Concordance" 제하의 6권이 있습니다.*13) 그리고 필자가 아는 그 외의 책들로는 "Dictionary of Correspondence(Massachusetts New Church Union 편찬)"와 "A Dictionary of Bible Imagery(Alice Spiers Sechrist 편찬)"와 "Glossary of the Term and Phrases Used by Swedenborg"(John Stuart Bogg 편찬)가 있습니다. 한글판으로는 이번에 "예수인"에서 발간한 "천계비의 색인 · 용어 해설집(이 영근 편찬)"이 대표적

---

*12) ≪묵시록 계현≫은 출판사 "예수인"에서 2010년 5권으로 번역, 출판하였고, ≪묵시록 해설≫은 역시 "예수인"에서 1-3권만 발행하였다.
*13) John Faulkner Potts 목사가 편찬한 책이다.

이라고 하겠습니다. 그밖의 단편적인 것들로는 스베덴보리 저서의 번역본들의 말미에 부록으로 첨가된 것들이 되겠습니다.*14)

3) 하나님 아버지(聖父)의 속성(屬性)

"하나님 아버지와 하나님 아들"에 관해서 말씀 드리겠습니다. 우리나라의 개신교에서는 하나님 (God)에 관해서는 "하나님이 한 분이시기 때문에 하나님"이라고 명명(命名), 호칭된다고 합니다. 그리고 가톨릭 교회에서는 "God"을 천주(天主), 즉 천(天)을 하늘이라는 말의 "하눌님"에서 "하느님" 또는 상제(上帝)라고 하고 있습니다. 사실 국문법에 따르면 "하나님"의 표기는 틀린 것이고, "하느님"이 맞는 낱말입니다. 특히 가사를 법으로 정하고 있는 "애국가"의 가사에서 "하나님이 보우하사……"라는 말은 "하느님이 보우하사"로 부르는 것이 맞는 것입니다.

하나님 또는 하나님 아버지(聖父)에 관한 아래의 내용은 ≪스베덴보리 신학총서 개요≫의 "제1강 하나님에 관하여"라는 제하의 내용입니다.

---

*14) ≪천계와 지옥 · 신령사랑과 신령지혜 · 묵시록 계현 · 순정기독교 · 혼인애 · 사대교리 · 신학총서 개요≫ 등의 부록들을 참고할 수 있다.

① 하나님에 관한 올바른 개념(神觀)의 중요성

하나님에 속한 개념은 교회, 종교, 예배에 속한 모든 것들의 시작이고, 또 그것의 중요 요소를 이룹니다. 신학적인 주제들은 사람의 마음 안에 있는 다른 모든 것들 위에 존재할 뿐만 아니라, 하나님에 속한 개념은 사람의 마음 안에 있는 으뜸의 자리 안에 존재합니다. 그러므로 만약 이 개념이 옳지 못하다면, 그 아래에 있는 모든 것들은, 모든 것들이 잘못된 원천에서 온 것이기 때문에, 거의 잘못되거나, 아니면 위화(僞化)될 수밖에 없습니다. 왜냐하면 으뜸되는 것들은, 또한 가장 지심(至深)한 것이기 때문에, 그것에서 비롯된 모든 것들에 속한 본질(本質 · essence) 자체를 형성하기 때문입니다. 그리고 그 본질은 사람의 영혼과 같아서, 그 육체의 이미지에 따라서 그것들을 몸으로 형성합니다. 그리고 그 개념이 잘못되었을 때, 진리에 마주치게 되면, 그것은 그 자신의 결점이나 과오로 그것들을 더럽힐 것입니다(≪새로운 교회에 속한 교리의 개략적 주해≫ 40항).

보편적인 천계나 지상의 보편적인 교회 또는 일반적으로 종교에 속한 전부는 하나님의 올바른 개념(a just idea of God) 위에 세워집니다. 왜냐하면 이 신관을 통해서 거기에 결합이 있고, 그리고 그 결합을 통해서 빛 · 지혜 · 영원한 행복이 존재하기 때문입니다

(≪묵시록계현≫ 서문).

사람이 올바른 신관(a just idea of God)을 갖는다는 것이 얼마나 중요한가 하는 것은, 그것이 종교를 갖는 모든 사람들의 사상의 핵을 구성한다는 사실에서 잘 나타나고 있습니다. 왜냐하면 종교에 속한 모든 요소들이나 예배에 속한 모든 요소들은 하나님과 관계를 맺고 있기 때문입니다. 그리고 전체적으로나 개별적으로나, 종교나 예배에 속한 모든 요소들 안에는 하나님께서 내재(內在)해 계시기 때문에, 따라서 거기에 올바른 신관이 존재하지 않는다면, 거기에는 천계와의 교류(交流 · communication)가 전혀 있을 수 없기 때문입니다.

그러므로 영계에서는 "한 사람으로"(as a Man)의 신관에 따라서 모든 민족에게는 각자의 처소가 주어집니다. 그들의 주님관(an idea of the Lord)은 그 신관 안에 존재할 뿐, 다른 신관에는 존재하지 않기 때문입니다. 사후(死後) 한 사람의 생명의 상태가 그 사람 안에서 확증된 신관에 일치한다는 것은 기독교인들이 주님의 신령성(神靈性)을 부인하는 것이 지옥을 이루고 있다는 반대현상의 고찰에서 잘 알 수 있습니다(≪신령사랑과 신령지혜≫ 13항).

② 한 분 하나님

사람의 이성(理性)에 속한 모든 원칙들은 우주의 창

조주이신 한 분 하나님이 계신다는 이 초점 안에서 일치하고, 집중됩니다. 그러므로 이성(理性)을 소유한 사람은, 그의 일반적인 이해의 본성으로 말미암아, 다른 어떤 것을 생각하지 않으며, 또 생각할 수도 없습니다. 건전한 이성을 가진 사람에게 우주의 창조주가 둘(2)이라고 말해 보십시오. 그러면 그 사람으로부터 그의 반감에서 나오는 짜증의 소리를 들을 것이고, 또 금방 그렇게 느낄 것입니다. 이런 사실에서 볼 때 인간 이성에 속한 모든 원칙들이 모두 한 분 하나님이 계신다는 사실에 중심을 두고 있고, 또 그것과 결합되어 있다는 것을 알게 될 것입니다.

이것이 그럴 수 밖에 없는 데는 두 가지 이유가 있습니다. 그 첫째는 합리적으로 사고(思考)하는 기능 자체가 사람의 것이 아니라, 그 사람 안에 있는 하나님의 것이라는 사실입니다. 인간 이성은 일반적으로 바로 이 기능 위에 의존해 있으며, 이 일반적인 이성의 본성은 사람으로 하여금 자기 스스로 하나님이 한 분이시다는 것을 볼 수 있게 작용합니다. 그 둘째는, 사람이 천계적인 빛 또는 그 빛에서부터 일반적인 사상의 줄기를 가질 수 있는 것은 이 기능에 의해서 입니다. 그리고 천계적인 빛의 보편적인 사상은 하나님이 한 분이시다는 것입니다. 만일 어떤 개인이 이 기능을 자신들의 이해의 보다 낮은 원칙들이 부패하도록 사용한다면 경우는 달라집니다. 이런 부류의 사람들도 실제로 이 기능이 부여되었지만, 만약 보다 낮은 원칙들에게 잘못 적용하게 되면, 곁길로 빠져 들게 됩니다. 이런 식으로 그들의 이성은 불건전하게 됩니다. (≪신령사랑과 신령진리≫ 23항)

건전한 이성을 가지고 있는 어느 누구가 신령존재(神靈存在 · the Divine)가 나뉘어질 수 있는 존재가 아니라는 것을 알지 못하겠습니까? 따라서 무한(無限)하고 비창조(非創造)의 전능하신 존재들, 즉 수삼의 신들(多神)이 있을 수 없다는 것을 누구가 모르겠습니까? 만일 어떤 다른 비합리적인 사람이 수삼의 무한하고, 비창조된 전능존재들이 있을 수 있다고 주장한다면, 또 그것들이 하나의 단수(單數)로 정의되는 본질을 가지므로, 이 생각이, 하나의 무한존재, 비창조의 전능존재, 즉 한 분 하나님이 된다고 주장한다면, 그 하나의 단수로 정의된 본질이 하나의 단수로 정의되는 실체일까요? 그러나 단수로 정의된 실체는 복수로는 생겨나지 않습니다. 만일 이것들 중 하나가 타자로부터 파생된다고 주장된다면, 그 때에 파생된 그 자체가 하나님일 수는 없습니다. 뿐만 아니라 자신 안에 계신 하나님만이 만유(萬有)의 근원이신 하나님이십니다(≪신령사랑과 신령지혜≫ 27항).

한 분 하나님(one God)을 믿음으로 시인하고, 진실된 마음으로 예배하는 사람은, 지상에서는 성인들과의 교제 안에 있고, 천계에서는 천사들과의 교제 안에 있습니다. 그들을 영적 교제, 또는 종교단체라고 부르며, 그리고 그들은 그렇게 존재합니다. 그 이유는, 그들이 한 분 하나님 안(in one God)에 있고, 한 분 하나님께서는 그들 안에 계시기 때문입니다. 즉 그들은, 온 천사적 천계와의 결합 안에 있고, 그리고 거기에 있는 천사들의 전체나 개인과의 결합 안에 있다는 것을 나는 자신 있게 말할 수 있기 때문입니다. 왜냐하면 그들은, 기질이나, 버릇 또는 얼굴 생김이 비슷한 한 아버지의 자녀들이나 후손들 같아서, 서로 서로 잘 식별되기 때문입니다. 천사적 천계는, 하나의 보편적인 사랑(one most universal love), 즉 하나님을 사랑하는 사랑의 서로 다른 형상들인 선에 속한 사랑에 따라서 매우 다종다기(多種多岐)의 사회들로 조화스럽게 정돈되어 있습니다. 하나님을 우주의 창조주로서, 동시에 인류의 속량주(贖良主・the Redeemer)와 중생주(重生主・the Regenerator)로서 믿음으로 시인하고, 마음으로 예배하는 사람은 모두 이 사랑에서 출생되고, 그 혈통을 계승합니다. (≪순정기독교≫ 15항)

③ 하나님은 사람(a Man) 자체시다

온 천계에서 통용되는 하나님의 유일한 개념(唯一神觀)은, 그분이 사람이시다(He is a Man)는 개념입니다. 이것은 천계가, 전체적으로나 부분적으로나, 그 형체에 있어서 한 사람(a Man)처럼 되어 있기 때문이고,

또 천계를 구성하고 있는 천사들이나, 그리고 사상도 그 천계의 형체에 따라서 생성됨으로, 그리고 그 천사들과 같기 때문에, 천사들은 하나님에 관해서 다른 식으로 생각할 수 없기 때문입니다. 이것이, 천계와의 결합 안에 있는 이 세상에 있는 사람들이 그들 자신 안에서, 즉 그들의 영 안에서 내면적으로 생각할 때 하나님을 꼭 같은 식으로 생각하는 내용입니다.

하나님이 사람이시다(God is Man)는 사실에서부터 모든 천사들과 영들은 완전한 형체의 사람들이다는 결론이 뒤따릅니다. 이같은 사실은, 천계가, 가장 큰 것 안에서나 가장 작은 것 안에서나, 꼭 같다는 천계의 형체(the form of heaven)에서 비롯된 결과입니다.

이러한 내용은 사람들이 하나님의 형상과 모양으로 (after the image and likeness of God) 창조되었다는 것은, 창세기서 1장 26, 27절에서, 하나님께서는 아브라함이나 다른 사람들에게 한 사람(as a Man)으로 나타나셨다는 사실에서 잘 알 수 있습니다(≪신령사랑과 신령지혜≫ 11항).

만약에 어떤 사람이 신령존재 자체를 신령 인간의 개념(the idea of a Divine Man) 이외의 다른 개념으로 생각한다면, 그 사람은, 애매모호한 개념은 결코 개념으로 존재하지 않는다는 식으로, 애매모호하게 생각할 것이고, 아니면 가시적 우주에서 비롯된 목적이 없는 신령존재의 개념을 형성하거나 또는 사악함(邪惡·

darkness) 안에 있는 목적으로 신령존재의 개념을 형성할 것인데, 이러한 개념은 자연숭배자(自然崇拜者)들이 가지고 있는 것들과 자신의 개념을 결합하여, 따라서 이러한 개념은 자연에 몰입(沒入)하는데, 그러므로 하나님에 관한 개념은 아무것도 형성할 수 없게 될 것입니다. 여기에서부터 명백한 것은, 사랑이 아니고 단순히 믿음에 의해서는 신령존재와의 결합은 결코 존재할 수 없다는 것입니다. 모든 결합은 항상 목적(目的 · object)를 요구합니다. 그리고 결합은 그 목적의 본질과 일치합니다. 그러므로 얻는 결론은, 신령인간(神靈人間 · the Divine Human)으로서의 주님을 중보주(仲保主 · the Mediator) 또는 조정자(調停者 · the Intercessor)라고 부릅니다. 그럼에도 불구하고 주님께서는 자기 자신으로서 중재하시고, 조정하십니다. 이러한 사실은, 신령존재 자체는 다른 어떤 개념으로는 이해할 수 없다고 하신, 요한복음서에서 말씀하신 주님의 가르침에서 잘 알 수 있습니다. 즉—.

> 일찍이 하나님을 본 사람이 없으나, 아비지의 품속에 계시는 독생자이신 하나님이 그분을 나타내 보이셨다(요한 1 : 18).
> 너희는 그의 음성을 들은 일도 없고, 그의 모습을 본 일도 없다(요한 5 : 37).

그럼에도 불구하고 주지하여야 할 사실은, 하나님에

관해서 자기 자신으로부터, 또는 육(肉)에 기초하여 생각하는 사람은 하나님에 관하여 애매모호하게 생각합니다. 다시 말하면 명확한 개념이 없이 생각할 것입니다. 그러나 하나님에 관하여 자기 자신으로부터, 또는 육에 기초하여 생각하지 않고, 오히려 영(靈 · the spirit)에 기초하여 생각하는 사람은 하나님에 관하여 명확하게 생각할 것입니다. 다시 말하면 그들은 사람의 형체(under human form)로 신령존재의 개념을 자기 자신에게 드러내 보여 줄 것입니다. 천계에 있는 천사들은 신령존재에 관해서 이런 식으로 생각하고, 따라서 고대의 현자(賢者)들도 이와 같이 생각하였는데, 그들에게 신령존재께서 현연(現然)하실 때에는 신령존재께서는 신령사람(神靈人間 · a Divine Man) 존재로 나타나셨습니다(≪천계비의≫ 8705항).

④ 하나님은 공간(空間) 안에 존재하지 않는다

하나님, 즉 신령존재께서 어느 곳에나 현존(現存)하시고, 지상의 모든 사람들, 천계의 천사들, 그리고 천계 아래의 모든 영들과 같이 존재하시면서도 공간(空間 · space) 안에 존재하시지 않는다는 사실은, 단순한 자연적 개념을 방편으로 해서는 파악될 수 없고, 다만 영적 개념을 방편으로 해서만 파악될 수 있습니다. 자연적 개념을 가지고 파악할 수 없는 이유는, 그러한 개념에는 공간이 포함되어 있기 때문입니다. 자연적 개념들은 세상에 존재하는 사물들로부터 실제로 형성됩니다. 즉 눈에 보이는, 개별적인 것이든 전체적인 것이든, 모든 사물들은 공간에 따라서 존재합니다. "길다" "넓다" 또는 "높다"는 것은 공간에 관련된 사항들입니다. 한마디로 모든 계량의 단위, 도형(圖形), 꼴(型 · form)은 공간 개념을 갖습니다. 그래서 신령존재가 어떤 곳에나 계신다고 말하면서 공간 안에 계시지 않는다는 것은 자연적인 개념으로는 파악할 수 없다고 서술한 이유가 여기 있습니다. 그렇지만 만일 사람들이 이 문제에 영적 빛에 속한 어떤 것을 끌어들이기만 한다면 자연적인 사상으로써도 이것을 파악할 수 있습니다. 그러므로 먼저 "영적 개념"에 관해서 설명하고, 그 다음에 그 개념에서 비롯된 영적 사상에 관해서 설명하고자 합니다.

  영적 개념은 어떤 것을 생각할 때 공간을 끌어들이지 않고 오히려 모든 사물을 상태에서부터 끌어들입니다. 상태는 사랑 · 생명 · 지혜 · 정동, 그리고 이것들에서 비롯되는 기쁨을 서술합니다. 광의로 말해서 선과 진리에 관해서 서술합니다.

  이런 것들의 진실한 영적 개념은 공간과는 전혀 관련이 없습니다. 마치 높은 천계에서 지상을 내려다 보는 방식으로 공간개념들을 관조합니다. 그러나 천사들과 영들은, 지상에서 사람들이 보는 것처럼, 그들의 눈으로 공간개념을 보며, 그 대상들이 만약에 공간 안에 있지 않으면 보여질 수 없기 때문에, 지상의 공간들과 유사한 "공간들"이 영들과 천사들이 있는 영계에 나타납니다. 그러나 그것들은 물질의 공간들이 아니고 공간의 외현(外現)일 뿐입니다. 왜냐하면 그것들은 지상에서와 같이 고정되거나 정지되어 있지 않기 때문입니다. 그것들은 늘려질 수도, 줄여질 수도 있고, 변질될 수도, 변화될 수도 있습니다. 그렇지만 자로 잴 수는 없기 때문에 어떤 자연적 개념을 가지고는 깨달을 수 없고, 다만 영적 개념으로만 깨달을 수 있습니다. 이 말은 영적 공간의 거리는 단순히 선과 진리의 거리를 반영한다는 뜻입니다. 즉 이 거리들은 선과 진리의 상태에 일치하는 친숙함과 닮은꼴을 가리킵니다.

이상 설명한 것에 의해서, 사람들은 단지 자연적 개념을 바탕으로 해서는 신령존재가 어디나 계시면서도 공간 안에 계시지 않는다는 것을 파악할 수 없지만, 천사들이나 영들은 이 사실을 분명하게 파악한다는 것과 그리고 사람도 만약 사상 안에 어떤 영적 빛을 들어오게만 한다면 이 사실을 파악할 수 있다는 결론을 얻을 수 있겠습니다.

그렇게 이해할 수 있는 이유는 우리의 육체가 생각하는 것이 아니라 오히려 우리의 영이 생각하기 때문입니다. 따라서 자연적인 존재가 아니라 영적인 존재가 생각하기 때문입니다. 많은 사람들이 이것을 깨닫지 못하는 이유는, 그들이 자연적인 것을 사랑하고, 또 그 때문에 자신들의 이해에 속한 사상들을 자연적인 것에서부터 영적인 빛 안으로 들어올리기를 원하지 않기 때문입니다. 이렇듯 원하지 않는 사람들은 오로지 공간개념으로만 생각하게 되고, 심지어 하나님에 대해서도 공간적인 개념으로 생각할 수밖에 없습니다. 하나님에 관하여 공간개념에 따라서 생각하는 것은 자연공간(自然空間 · the expanse of nature)에 관해서 생각하는 것입니다(≪신령사랑과 신령지혜≫ 7-9 항).

천계의 천사가 신령편재(神靈遍在 · Omnipresence)에 관해서 생각할 때, 그는 공간에 존재하지 않으면서 모든 것 안에 충만히 계시는 신령존재 이외의 다른 존재를 생각하지 않는다는 것을 밝히 알 수 있습니다. 그리고 천사들이 생각하는 것은 무엇이든지 진리인데, 그 이유는 그들의 이해에 비추어 주는 빛이 신령지혜이기 때문입니다.

이것은 하나님에 관한 사상의 근본입니다. 왜냐하면 이 사상 없이는 신인(神人 · God-Man)의 우주 창조에 관해 어떤 것을 말할 때, 또는 신인(神人)의 섭리 · 전능 · 편재 등을 말할 때, 비록 그것들을 이해할 수 있을지라도, 그것들을 마음 속에서 계속 보존할 수는 없기 때문입니다. 그리고 단순한 자연적인 사람은 비록 이런 것들을 그의 이해 안에 가지고 있을지라도,

그의 의지에 속한 것인 그의 생명에 속한 사랑에 빠져들어갈 것이기 때문에, 그 사랑은 이들 진리들을 없애버리고, 그 사람은, 이런 것을 부인하는 정도만큼, 그 자신이 비합리적이다는 것을 알지 못하면서, 합리적이라고 부르는 그의 자연적인 광명(光明 · lumen)이 살고 있는 공간개념 속에 그의 사상을 몰입(沒入)시킵니다(≪신령사랑과 신령지혜≫ 71 · 72항).

⑤ 신령사랑과 신령지혜는 실체(實體)이고 형체(形體)이다

사랑과 지혜에 대한 일반적인 사람들의 개념은 그것들이 어떤 휘발물질 같은, 즉 묽은 가스나 에텔 안에 흐르고 있는 것 같은, 또는 그러한 것들에게서 발출되는 어떤 것으로 생각하고 있습니다. 대개 사랑과 지혜가 실제적이고 또 활동적인 실체이고 형체라고 믿는 사람은 거의 없습니다. 심지어 그것들이 실체이고 형체라고 보는 사람들까지도 사랑과 지혜를 주체 밖에 있고, 그러면서도 그로부터 발출되는 것으로 인지하고 있습니다. 왜냐하면, 그들은 사랑과 지혜가 주체 자체라는 것을 모르고, 또 주체가 없는 것으로 생각하고, 그리고 날아다니거나 떠다닌다고 생각하는 것이, 본질에서 보면 주체의 상태의 외현(外現)에 지나지 않는다는 것을 모르면서, 그들은 사랑과 지혜가 주체 밖에 있는 것으로, 그러면서도 그것에서부터 흘러나오는 것 같은 것으로, 날아다니거나 떠다닌다는 것으로 생각한 것을 실체와 형체라고 부르기 때문입니다.

이것이 오늘날까지 알려지지 않은 이유는 많습니다. 그 많은 이유들 중에는 이런 것도 있습니다. 즉 외현들은 사람의 마음이 그 이해를 형성하게 하는 첫째의 것이고, 이 첫째의 것인 외현들을 사람의 마음은 그 원인들을 주의 깊게 연구하지 않고서는 지워버릴 수 없습니다. 만약 이 원인들이 깊숙하게 감추어져 있다면, 마음이 상당한 시간 영적인 빛 가운데 올려져 있지 않고서는 그 원인을 찾아낼 수 없습니다. 그런데 마음은 끈질기게 잡아 당기는 자연적 빛 때문에 영적인 빛 안에 오래 머물 수 없습니다. 그러나 사랑과 지혜가 주체 자체를 형성하는 실제적이고 활동적인 실체요, 형체라는 것은 진리입니다.

그러나 이것은 외현에 정반대가 되기 때문에, 그것을 증명하지 않는다면 그것은 믿을만한 가치가 없는 듯 보입니다. 이것을 입증할 수 있는 유일한 방도는 사람이 자기의 육체적 감관들을 이용해서 감지할 수 있는 사물들을 이용할 수밖에 없습니다. 그래서 그 입증을 위해서 이것들을 사용하겠습니다.

사람들은 촉각·미각·후각·청각 그리고 시각이라고 부르는 외적인 오관(五官)을 가지고 있습니다.

촉각의 주체는 사람을 싸고 있는 피부입니다. 이 피부의 실체와 형체 자체는 사물들이 접촉해 올 때 그것들을 느끼게 합니다. 접촉의 감각은 접촉해 들어오는 것들 안에 있지 않고, 주체 자체인 피부의 실체와 형체 안에 있습니다. 감각 자체는 피부에 적용되는 대상물들에 의해서 느껴지게 하는 것 이외의 아무것도 아닙니다.

미각에 있어서도 매 한가지입니다. 이 감각은 단순히 실체와 형체의 느낌 상태의 변화이고, 혀가 그 주체입니다.

후각도 마찬가지입니다. 냄새가 코와 그 구성물들에게 영향을 주며 부딪쳐 오는 냄새에 의해서 그것들 안에 일어나는 느낌 상태의 변화입니다.

청각의 경우도 동일합니다. 청각이 소리가 나는 것 안에 있는 듯 생각되나 청각은 귀 안에 있습니다. 그리고 그 실체이고 형체인 귀가 느끼는 상태의 변화입니다. 청각이 귀 밖에 있다는 것은 오로지 한 현상일 뿐입니다.

시각의 경우에도 매 한가지입니다. 사람이 거리를 두고 대상물을 볼 때 시각이 그 곳에 있는 듯 생각합니다. 그러나 시각은 주체인 눈 안에 있습니다. 다른 경우에 있어서와 같이 주체인 눈의 지각의 상태의 변화입니다. 거리의 요소는 시야에 들어오는 대상물의 기초가 되는 공간 또는 그 대상물의 크기가 작아지든가, 더 나아가서 명확하게 보이지 않게 되는 것들에 의한 판단에서 얻어집니다. 대상물의 현상은 눈 안에서 형성되며 상태의 발생에 따라서 결정됩니다.

이상에서 시각이 눈을 나와서 대상물에게 가지 않고, 대상물이 눈 안에 들어 와서 눈의 실체와 형체에게 영향을 준다는 것을 알 수 있습니다. 청각의 경우도 시각의 경우에 있어서와 같습니다. 청각이 귀 밖으로 나가서 소리를 잡는 것이 아니라 오히려 소리가 귀 안에 들어와서 귀를 자극합니다.

이 고찰들에 의해서 다음과 같은 결론을 내릴 수 있겠습니다. 감각을 일으켜 실체와 형체에 영향을 주는 것은 주체에서 분리된 어떤 것이 아니고, 그 전이나 그 후나, 주체는 주체로 남아 있고 단순히 그 안에서 변화를 일으키는 것이다는 사실입니다. 그러므로 시각 · 청각 · 후각 · 미각 그리고 촉각이 그 기관들에게서 흘러나오는 휘발성의 유출물이 아니라, 그 실체와 형체를 예의 연구해보면 그것들은 기관 자체들이고, 그 기관들이 자극을 받으면 감각이 생성된다는 것을 알 수 있겠습니다.

사랑과 지혜에 있어서는 더욱 그렇습니다. 다만 사랑과 지혜인 실체와 형체기 다른 외적 감각기관들처럼 눈에 보이지 않는다는 한 가지가 다를 뿐입니다. 그렇지만 사상이라든가 지각들 그리고 정동들이라고 일컫는 지혜나 사랑에 속하는 것들은 실체와 형체이고, 그것들이 무(無)에서 흘러나오든가, 또는 그것들이 주체들인 실제적이고 활동적인 실체와 형체에서부터 떠난 추상물이 아니라는 것을 아무도 부정할 수 없습니다. 왜냐하면 두뇌 안에는 무수한 실체와 형체들이 있으며, 또한 이해나 의지에 속한 내면적 감각들이 그 안에 있기 때문입니다.

두뇌 안에 있는 정동·지각·사상 등은 실체들에서 비롯된 발산물(發散物)이 아니고, 오히려 그것들은 자기들에서 비롯된 것은 아무것도 없는 모든 실제적이고 활동적인 주체일 뿐입니다. 그러나 그것들은 그것들에게 자극을 주는 것에 따라서 변화를 일으키는 것에 불과합니다. 이러한 사실은 앞에서 외적 감각에 관해 설명한 내용에서 잘 알 수 있을 것입니다. 흘러나와 자극을 끼치는 것에 관해서는 아래에서 더 설명하겠습니다.

이상에서 신령사랑과 신령지혜 자체가 실체이고 형체라는 것을 처음으로 알 수 있었습니다. 왜냐하면 그것들이 존재이고 실재이기 때문입니다. 그리고 만일 그것들이 실체와 형체인 것처럼, 그것들이 이와 같은 존재와 실재가 아니라면, 그것들은 본질적으로는 아무것도 아닌 단순한 추론에 속한 어떤 것에 불과할 것입니다(《신령사랑과 신령지혜》 40-43항).

⑥ 하나님은 사랑 자체요, 생명 자체시다

생명 자체가 하나님이다, 또는 하나님께서 생명 자체시다고 생각하고, 동시에 생명에 관한 개념이 전혀 없다면, 그같은 경우 하나님에 관한 지식(知識 · intelligence)은 위와 같은 표현 안에는 전혀 존재하지 않습니다. 신령지혜 안에 있는 하나님을 가리키는 생명 자체인 신령사랑(神靈愛 · the Divine love)은 그 사랑의 본질 안에서는 결코 상상될 수 없습니다. 왜냐하면 그것은 무한(無限)하고, 따라서 그것은 사람의 이해력을 뛰어 넘기 때문입니다. 그러나 그것의 표현 안에는 능히 그것이 상상될 수 있습니다.

주님께서는 천사들의 안전(眼前)에는 별과 빛이 발출(發出)되는 태양으로 나타나십니다. 그 태양이 바로 신령사랑이고, 그 별이 신령선(神靈善 · Divine good)이라고 부르는 거기에서 나온 신령사랑입니다. 그리고 그 빛은 신령진리(神靈眞理 · Divine truth)라고 부르는 거기에서 나온 신령지혜(神靈智慧)입니다. 그럼에도 불구하고 우리가, 마치 불 · 별 · 빛에 속한 개념으로 하나님이신 생명의 개념을 갖는다는 것은, 그 개념 안에 동시에 사랑이나 지혜가 존재한다고 생각하지 않는다면, 따라서 신령사랑이 불꽃과 같고, 신령지혜는 빛과 같다는, 또는 그 신령사랑은, 마치 히나의 찬란한 광휘(光輝 · a bright radiance)와 같은 신령지혜와 함께 존재한다는 것을 생각하지 않는다면, 허락되지 않습니다. 왜냐하면 하나님께서는 완전한 사람(perfect Man)이셔서, 형체에 관해서는 아무런 차이가 없지만 다만 본질에 관해서는 차이가 있는, 얼굴이나 몸으로는 꼭 같은 사람(原人間 · Man)이시기 때문입니다. 그리고 하나님의 본질(本質 · essence)은, 그분은 사랑 자체시고, 지혜 자체시며, 따라서 생명 자체이시다는 것입니다 (《아타나시우스 신조》 27항 ; 《묵시록해설》 1124항).
  하나님께서는 생명 자체이시기 때문에, 여기에서 뒤따르는 결론은 하나님은 자존적 존재(自存的 存在 · the uncreate)이시다는 것입니다. 하나님께서 자존적 존재이시다는 이유는 생명 자체는 창조되어질 수 없기 때문이요, 오히려 생명 자체가 다른 것들을 창조할 수 있기 때문입니다. 왜냐하면 지음받는다는 것, 즉 창조되어진다는 것은 다른 것으로 말미암아 존재한다는 것을 가리키기 때문입니다. 만약에 생명이 다른 존재로 말미암아 존재했다면, 거기에는 생명이 될 수 있는 다른 존재가 존재해야 된다는 것이고, 그리고 이 생명이 생명 자체가 된다는 것이 됩니다(《아타나시우스 신조》 29항 ; 《묵시록해설》 1126항).
  만약 어느 누구가 육체에 속한 감관에 비하여 뛰어난 이성(理性)으로 말미암아 생각할 수 있다면, 생명이 비창조적이라는 것을 이해한다는 것은 너무나 자명(自明)하지 않겠습니까! 왜냐하면 생명은, 하나님 안에 존재하고, 또 그것들이 하나님인, 사랑과 지혜에 속한 가장 내적인 활동(the inmost activity)입니다. 그리고 그 생명은 또한 본질적으로 생기를 주는 힘(the very essential living force)이라고 부를 수 있겠습니다(《순정기독교≫ 471항).

　존재할 수도 없고, 존속될 수도 없는 존재는, 다른 어떤 존재나 행동자(行動者·agent)의 힘을 빌리지 않고 자기 자신에 의하여 작동하고, 움직이는 존재는 아닙니다. 그러므로 얻는 결론은, 존재하고 존속하는 모든 것은 제일존재(第一存在·the First Being)에 의하여 작동하고, 움직여진다는 것인데, 이 제일존재는 다른 존재에서 비롯된 근원을 결코 가지지 않으며, 오히려 그 자신 안에 생명을 가리키는 살아 있는 힘(the living force)이 내재한 존재입니다(≪아타나시우스 신조≫ 45항 ; ≪묵시록 해설≫ 1146항).

⑦ 신령사랑의 본성(本性)

　하나님의 본질을 구성하는 것에는 두 가지가 있는데, 그 하나는 사랑이고 다른 하나는 지혜입니다. 그리고 하나님의 사랑의 본질을 구성하는 것은 세 가지가 있는데, 하나는 하나님 자신 밖의 다른 존재를 사랑하는 것이고, 둘째는 그들과 하나되는 것(合一)을 갈망하는 것이고, 셋째는 하나님 자신으로 말미암아 그들을 행복하게 만드는 것입니다. 이들 세 요소들은 하나님의 지혜의 본질이기도 합니다. 그 이유는 하나님 안에 있는 사랑과 지혜는 하나(一體)를 이루기 때문인데, 그리고 사랑은 이런 일들을 원하고, 지혜는 그 일들을 완수하기 때문입니다. 그 첫째 본질적 요소, 즉 하나님은 자신 밖의 다른 존재를 사랑한다는 것은, 온 인류를 향한 하나님의 사랑으로 말미암아 하나님 안에 존재한다는 것을 시인하는 것입니다. 이런 이유 때문에 하나님께서는, 그분이 창조한 만유(萬有)를 사랑하십니다. 그 이유는 만유가 하나님의 목적을 이루기 위한 방편들이고, 수단들이기 때문입니다. 왜냐하면 목적을 사랑하는 자는 누구나 방편 또한 사랑하기 때문입니다. 우주 안에 존재하는 모든 사람이나 만유는 하나님 밖에(out of God) 있는 존재입니다. 그 이유는 만유는 유한(有限)한 존재이고, 하나님은 무한 존재이기 때문입니다. 하나님의 사랑은 선한 사람이나 선한 것들 뿐만 아니라, 악한 사람이나 악한 것들에까지 미치고, 또 확대됩니다. 결과적으로 천계에 있는 사람들이나 만유 뿐만 아니라, 지옥에 있는 사람이나 만유에까지 미치고 확대됩니다. 따라서 미가엘 천사나 가브리엘 천사 뿐만 아니라, 악마나 사탄에게도 미치고 확대됩니다. 왜냐하면 하나님께서는 어디에나 계시고, 또한 영원부터 영원까지 동일하시기 때문입니다. 주님께서 친히 말씀하셨습니다. 마태복음서의 말씀입니다.

아버지께서는, 악한 사람에게나 선한 사람에게나, 똑같이 해를 떠오르게 하시고, 의로운 사람에게나 불의한 사람에게나, 똑같이 비를 내려 주신다(마태

5 : 45).

악한 사람들이나 악한 것들이 계속해서 그런 악한 상태로 남아 있는 이유는, 자기 자신의 주관(主觀 · subject)과 객관(客觀 · object)에 있는데, 그들은 거기에서 하나님의 사랑을 그것 자체로 또는 그런 것들 속에 있는 심오한 것으로 받아드리지 않고, 오히려 그들 자신의 성품이나 상태에 따라서 받기 때문입니다. 그것은 마치 가시나무나 쐐기풀이 태양의 볕이나 공중의 비를 자기 자신의 특성이나 상태로 받는 것과 꼭 같습니다.

두 번째 본질적인 요소는 자기 밖의 것들과 하나 되기를 갈망하는 것인데, 이 본질적인 것은, 천계와 주님과의 결합, 또는 지상의 교회와, 그리고 그 교회 안에 있는 각자 각자와, 그리고 사람과 교회 안에 존재하는 모든 선과 진리와 주님과의 결합으로 말미암아 시인되는 것입니다. 사랑은 사실, 그 본질에서 보면, 결합을 향한 꾸준한 노력이나 애씀 이외의 아무것도 아닙니다. 그러므로 이 사랑에 속한 본질적인 것이 그 결과를 얻기 위해서, 그리고 따라서 하나님께서 사람과 결합하시기 위해서, 하나님께서는 당신의 형상과 닮음대로 사람을 창조하셨습니다. 신령사랑이 변함없이 그러한 결합을 이루고자 한다는 것은, 주님의 갈망을 표현하는 아래의 주님의 말씀에서 잘 알 수 있습니다. 요한복음서의 말씀입니다.

아버지, 아버지께서 내 안에 계시고, 내가 아버지 안에 있는 것과 같이, 그들도 하나가 되어서 우리 안에 있게 하여 주십시오. ……나는 아버지께서 내게 주신 영광를 그들에게 주었습니다. 그것은, 우리가 하나인 것과 같이, 그들도 하나가 되게 하려는 것입니다. 내가 그들 안에 있고, 아버지께서 내 안에 계신 것은, 그들이 완전히 하나가 되게 하려는 것입니다.……아버지께서 나를 사랑하신 그 사랑이 그들 안에 있게 하고, 또한 나를 그들 안에 있게 하려는 것입니다(요한 17 : 21-26).

하나님의 사랑의 세 번째 본질적인 요소는, 자신이 지은 만유를 주님 자신으로 말미암아 행복하게 만드는 것인데, 이것은 끝없는 지복(至福)·만족·행복을 뜻하는 영생(永生·eternal life)의 은총(恩寵)으로 말미암아 시인됩니다. 하나님께서는 자기 자신이 하나님의 사랑을 영접하는 사람들에게 이와 같은 은총을 내려 주십니다. 왜냐하면, 하나님께서는 사랑 자체이신 것과 같이, 하나님께서는 지복(至福) 자체이시기 때문입니다. 그리고 모든 사랑이 그 자신으로부터 기쁨을 내뿜듯이 신령사랑은 영원히 지복·만족·행복 등을 불어 넣어 주십니다. 따라서 하나님께서는 자신으로부터 천사들과 사후 사람들을 행복하게 하시는데, 이러한 것들의 성취는 하나님께서 그들과의 결합으로 이루십니다.
 이러한 내용이 신령사랑의 본성이라는 것은, 우주에 널리 퍼져 있고, 또 각자의 상태에 따라서 모두에게 영향을 주는 그것의 영기(靈氣 · sphere)에서 잘 나타나고 있습니다. 특히 이 영기는, 자비스러운 사랑을 자신들의 자녀들에게 고취하는 부모들에게 감동을 줍니다. 다시 말하면 자신들이 낳은 자녀들에게 자비스러운 사랑을 불어넣어 주고, 그들과 하나 되기를 갈망하고, 또 자신들로 말미암아 자녀들이 행복하게 되기를 원하는 부모들에게 이 영기는 감화 감동을 줍니다. 이 영기는 선한 사람에게 감화 감동을 주듯이, 악한 사람에게도 꼭같이 감동을 줍니다. 그리고 이 영기는 사람 뿐만 아니라 여러 종류의 짐승이나 새들에게도 꼭 같이 감동을 줍니다. 왜냐하면 어머니가 자식을 낳았을 때, 그 어머니의 주된 생각에 속한 목적은 그와 그의 자녀들과 결합하고, 자녀들을 위해 좋은 것을 마련하는 것 이외에 무엇이 또 있겠습니까? 알을 부화해서 새끼를 낳고, 날개 아래 불러 모아 보호하고, 먹이를 먹이고, 기를 때, 그 어미의 관심은 과연 무엇이겠습니까? 심지어 살무사나 뱀까지도 제 새끼를 사랑한다는 것은 잘 알려진 사실입니다. 신령사랑의 이같은 보편적인 영기는, 특별한 방법으로, 하나님의 사랑을 자기들 자신 안에 영접한 사람들, 다시 말하면 하나님을 믿고, 그들의 이웃을 사랑하는 사람들을 감화 감동시킵니다. 인애는 신령사랑의 형상이기 때문에, 인애는 그들 자신 안에서 다스립니다. 이 세상 사람들 사이에서 우정(友情)이라고 일컬어지고 있는 것까지도 신령사랑의 닮음을 취하고 있습니다. 왜냐하면 자신의 식탁에 친구를 초대한 사람은 누구나 자기 집이 할 수 있는 최상의 것을 친구에게 대접하고, 친절로 친구를 맞고, 그의 손을 반갑게 잡으며, 친구에게 온갖 서비스를 제공하기 때문입니다. 이 사랑은, 서로가 하나로 결합하기 위한 동일계통 즉 유사한 마음들이 가지는 모든 애정과 애씀의 유일한 근원입니다. 아니, 이 사랑의 영기는, 초목들과 같은 창조의 식물들에게도 작용합니다. 다만 이 작용은, 자연계의 태양을 도구로 해서, 즉 그 태양 볕과 빛에 의하여 행해집니다. 왜냐하면 밖으로부터 그것들 속으로 들어오는 볕은 그 자체를 그것들과 결합시켜, 그들로 하여금 싹을 틔우게 하고, 꽃을 피우며, 열매를 맺게 하는 원인이 되기 때문입니다. 이 작용은 그들의 지복의 상태라고 부를 수 있겠습니다. 이런 일은 태양의 볕에 의하여 이루어지는데, 그 이유는 자연계의 태양의 볕이 사랑인 영적 볕에 대응하기 때문입니다. 이 사랑의 작용에 속한 표징은 광물계의 다양한 대상물들에게도 나타나고 있는데, 광물계의 여러 가지 타입들은 그 쓸쓸이와 그 결과로 귀중하게 된 가치에서 잘 드러납니다(≪순정기독교≫ 43·44항).

⑧ 하나님의 무한성(無限性)과 영원성(永遠性)

하나님의 광대무변성(廣大無邊性 · immensity)은 공간(空間 · space)에 관계되고, 하나님의 영원성(永遠性 · eternity)은 시간(時間 · time)에 관계됩니다. 하나님의 무한성(無限性 · infinity)은 광대무변성과 영원성 양자로 파악됩니다. 그러나 무한성은 유한성(有限性)을 초월하고, 또 무한성에 관한 지식은 유한한 마음을 초월하기 때문에, 이 주제에 관한 개념을 어느 정도 터득하기 위하여 아래의 순서에 따라서 필히 생각하고자 합니다. 그 순서입니다.

(1) 하나님은 현존하시고, 또 당신 자신 안에 존재하시며, 우주의 만유(萬有)는 하나님으로부터 연유(緣由)하고 존재하기 때문에, 하나님께서는 무한(無限)하시다는 것.

(2) 하나님은 세상이 있기 전에 계셨고, 따라서 시간과 공간이 생겨나기 전에 계셨기 때문에 하나님은 무한하시다는 것.

(3) 세상은 지음받아 존재하기 때문에, 하나님은 공간 밖의 공간에, 그리고 시간 밖의 시간 안에 존재하신다는 것.

(4) 공간에 관계되는 무한성을 광대무변성이라고 부르고, 시간에 관계되는 무한성을 영원성이라고 부른다는 것. 그러나 이런 관계들이 있음에도 불구하

고, 하나님의 광대무변성 안에는 공간에 속한 것은 아무것도 존재하지 않고, 하나님의 영원성 안에는 시간에 속한 것은 아무것도 존재하지 않는다는 것.

(5) 조요(照耀)된 이성(理性)은 이 세상에 있는 만유(萬有)로부터 창조주 하나님의 무한성을 발견할 수 있다는 것.

(6) 창조된 만유는 유한하고, 무한존재는 마치 그릇 안에 내용물이 담기듯이, 유한한 것 안에 존재하고, 사람의 형상 안에 사람이 담기듯이 무한존재는 사람 안에 존재한다는 것(《순정기독교》 27항).

사람은 공간(空間)의 무한성으로서의 신령무한성(神靈無限性 · the Divine Infinity)을 감지할 수 없습니다. 사람은 모른다는 것 외에는 공간의 무한성의 이해를 전혀 가지지 못합니다. 사실인즉은 그렇기 때문에 사람은 신령무한성을 믿지 않습니다. 영원성의 경우도 마찬가지입니다. 사람은 다만 시간의 무한성으로 영원성을 상상합니다. 왜냐하면 시간 안에 있는 사람에게는 시간의 개념 하에 무한성이 나타나기 때문입니다. 신령무한성에 관한 참된 개념은 이런 방법에 의하여 천사들에게 주입되었습니다. 즉, 주님의 안전(眼前)에서는, 비록 그것들이 아주 멀리 떨어진 우주 끝에 있다고 하더라도 장소나 시간의 중간매체(中間媒體) 없이 즉시 그것들이 나타난다는 사실에 의하여 천사들에게 주입되었습니다. 그리고 신령영원성에 관한 참된 개념도 천사들에게 이런 식으로 주입되었습니다. 즉, 수천년의 세월도 그들에게는 시간으로 나타나지 않고, 오히려 마치 그들이 단 일분 밖에 살지 않은 것 같은 그 외의 방법으로는 거의 나타나지 않습니다. 그리고 이 두 개념들은 또 이런 식으로 천사들에게 알려졌습니다. 즉 이 두 개념은 과거나 미래에의 것들을 동시에 소유한 그들의 현재(現在 · now)에 가지고 있는 것으로 천사들에게는 알려졌습니다. 그러므로 그들은 미래적인 것에 대한 근심과 염려, 또는 죽음에 관한 어떤 관념도 가지고 있지 않으며, 오히려 삶에 관한 관념만 가지고 있을 뿐입니다. 따라서 그들의 현재(現在 · now)에는 주님의 영원성과 무한성만 존재합니다(≪천계비의≫ 1382항).

⑨ 하나님의 전능성(全能性)

신령전능성(神靈全能性 · the Divine omnipotence)에 관하여 살펴 보면, 그것은 질서에 반대되는 일체의 그 어떤 활동력(power of acting)을 뜻하지 않고, 오히려 질서에 일치하는 일체의 활동력을 뜻합니다. 왜냐하면 모든 질서는 주님에게서 비롯되기 때문입니다(≪묵시록해설≫ 689항).

하나님은 전능(全能)하십니다. 그 이유는 하나님께서 모든 힘과 능력을 자기 스스로 가지셨지만, 이에

반하여 여타의 존재들은 모든 힘과 능력을 하나님에게서 받았기 때문입니다. 하나님의 능력과 뜻은 하나입니다. 그 이유는, 하나님께서는 선 이외에는 아무것도 뜻하지 않기 때문입니다. 따라서 하나님은 선 이외에는 아무것도 행할 수 없습니다. 영계에서는 자기 자신의 의지(意志·will)에 반대되는 어떤 것을 행할 수 있는 존재는 아무도 없습니다. 이같은 것은, 거기에 있는 그들은 하나님에게서 비롯되었고, 또 하나님의 능력과 뜻은 하나이기 때문입니다.

하나님께서는 또한 선 자체이십니다. 그러므로 하나님께서 선을 행하시는 동안, 그분은 그분 자신 안(in Himself)에 계시고, 또 그분은 그분 밖(out of Himself)에 계실 수 없습니다. 여기에서 알 수 있는 것은 하나님의 전능하심은, 무한하신 선의 확장된 영기(靈氣) 안에서 발출되고, 운영하신다는 것입니다. 왜냐하면 이 영기는 지심한 것에서 비롯되고, 그리고 우주에 충만하고, 또 거기에 있는 만유(萬有)에 충만하기 때문입니다. 영기가 가장 심오한 것에서 비롯되기 때문에, 그것은 각각의 질서에 따라서, 자신들이 결합하는 정도에 비례하여, 밖에 있는 모든 것들을 다스립니다. 그리고 만약 그것들이 자신들과 결합하지 않는다고 해도, 그럼에도 불구하고 영기는 그것들을 지탱하고, 또 하나님께서는 그것들이 내재해 있는 보편적인 질서에 조화되게 하려고 모든 노력을 경주합니다.

그리고 보편적 질서 안에 계시는 하나님께서는 그분의 전능 안에 계십니다. 그럼에도 불구하고 어디서든지 하나님께서는 가장 심오한 것으로 말미암아 그것들을 유지, 보존하십니다(≪순정기독교≫ 56항).

주님께서 무한한 능력을 소유하셨다는 것은 아래의 내용에서 잘 알 수 있습니다. 즉, 주님께서 천계의 하나님이시고, 지상의 하나님이시다는 것, 그리고 주님께서 태양들을 뜻하는 수많은 별들로 가득한 우주와, 결과적으로 우주의 수많은 세계와 지구들을 창조하셨다는 것, 그리고 그것들은 헤아릴 수 없이 많다는 것, 그리고 주님께서 홀로 창조 이래 그것들을 계속해서 유지, 보존하신다는 것 등입니다. 마찬가지로 주님께서는 자연계를 창조하신 것과 꼭 같이, 자연계 위에 있는 영계(靈界 · the spiritual world)를 창조하셨고, 또 주님께서는 수 천 수 억의 천사들과 영들로 영계를 계속해서 채우십니다. 그리고 주님께서는 숫자적으로 천계와 꼭같은 지옥을 천계 아래에 두셨다는 것입니다. 더욱이 주님께서는, 자연계 안에 있는 만유(萬有)나 그 위에 있는 영계에 있는 모든 것들에게 생명(生命)을 주십니다. 주님께서 만유에게 생명을 주시기 때문에, 그분으로 말미암지 않고서는 손이나 발을 움직일 수 있는 천사나 영 또는 사람은 아무도 없습니다.

주님의 무한능력의 성품은, 주님께서 수많은 지구들

에게서 영계에 들어오는 헤아릴 수 없을 만큼의 수많은 사람을 능히 받아드린다는 것에서— 우리의 지구만 보더라도 일 주에 수 천의 사람이 천계에 들어온다는 것에서— 따라서 우주에 있는 수많은 지구들에게서 헤아릴 수 없는 사람들이 천계에 오는데, 그 많은 사람들을 능히 받아, 수용하신다는 고찰과 내용에서, 잘 알 수 있겠습니다. 주님께서는 그들을 받아드릴 뿐만 아니라 신령지혜에 속한 수 천의 신비에 의하여, 각각의 삶의 처소에, 즉 믿음이 돈독한 사람은 천계에 있는 그들의 처소에, 그리고 믿음이 돈독하지 못한 사람은 지옥에 있는 그들의 처소에, 각각 인도하신다는 것입니다. 그리고 주님께서는 어디를 불문하고, 보편적으로 다스리는 것과 꼭 같이 개별적으로도 모두의 사상·의도·뜻을 모두 총괄, 통치하십니다. 그리고 주님께서는, 개별적이든 전체적이든, 천계에 있는 모두가 자신들의 지복(至福)을 향유(享有) 하도록 다스리시고, 그리고 지옥에 있는 그들 중 어느 누구도 마음대로 손을 움직일 수 없을 만큼, 그리고 그밖으로 나와서 천사들에게 해코지를 하지 못하도록, 그들의 처소에 있도록 다스리십니다. 따라서 그들 모두는 천계나 지옥이 영원히 증대되기 위하여 질서와 구속 가운데 구류(拘留)됩니다. 그것들의 넉넉함에서 비롯된 이런 것들이나 그밖의 다른 많은 것들도, 만약에 주님께서 무한한 전능의 힘을 가지시지 않으셨다면, 증대될 수도 없고, 또한 모든 것이 불가능할 것입니다(≪묵시록 해설≫ 726항).

⑩ 하나님의 전지성(全知性)

하나님께서는 모든 것들을, 심지어 지극히 작은 것까지도 지각하시고, 보시며, 아시는데, 이러한 일들은 모두 질서에 따라서 행해집니다. 그 이유는 질서가 우주의 지극히 개별적인 것들에서 비롯된 보편적인 것이기 때문입니다. 왜냐하면 개별적인 것들이 집합되어서 보편적인 것이라고 불리워지기 때문인데, 그것은 마치 개별적인 것들이 모여서 일반적인 것이라고 불리워지는 것과 같습니다. 보편적인 것은 그것을 구성하는 가장 개별적인 것들이 합쳐서 하나로 만드는 작업(作業)을 가리키는데, 따라서 그만큼 그것의 부분은 나머지 모든 것과 교류하기 때문에, 그것의 어떤 뜻(意味) 없이 그 한 부분에만 접촉될 수도 없고, 영향을 받을 수도 없습니다. 이렇게 볼 때 우주 안에 존재하는 질서의 성질은 이 세상에 있는 창조된 모든 것들 안에도 꼭 같이 존재한다는 것입니다. 이러한 사실은 가시적인 것들에서 취한 비교에 의하여 예증될 수 있겠습니다. 사람의 온 몸 안에는 일반적 것들과 개별적인 것들이 있으며, 거기에 있는 일반적인 것들은 개별적인 것들을 내포하고 있으며, 또한 전자가 후자에 속한 하나의 연결고리에 의하여, 자기 자신들을 조절하고 있습니다. 이러한 일은, 신체의 모든 기관 주위를 에워싸고 있는 일반적인 덮개(被服 · a common covering)가 있다는 사실이나, 이 덮개는 거기에 있는 개별적인 부분들에게 자기 자신을 침투시키는, 따라서 그것들이 자신의 모든 임무나 쓰임새에서 하나를 이룬다는 사실 등에 의하여 이루어집니다. 예를 들어 보겠습니다. 모든 근육(筋肉)의 덮개(被服)는 거기에 있는 개별적인 운동섬유에 들어와서, 그 자신으로 말미암아 그 운동섬유들을 감쌉니다. 마찬가지로 간장 · 췌장 · 비장의 덮개(被服)도 그것 내부에 있는 그것들에 속한 개별적인 것들에 들어옵니다. 따라서 늑막(肋膜)이라고 부르는 폐장의 피복은 그것들의 내면적인 부분들에 들어오며, 마찬가지로 심낭(心囊)은 심장에 속한 개별적인 것이나 전체적인 모든 것들 안에 들어옵니다. 그리고 그것은 모든 내장의 피복과의 접합(接合)에 의하여 복막(腹膜)을 형성합니다. 따라서 뇌막도 마찬가지인데, 그것에서 생겨나는 실 같은 섬유들에 의하여 아래에 있는 모든 작은 분비샘(分泌腺)들에게 들어가서 그 샘(腺)을 거쳐서, 모든 섬유에 들어가고, 또 그 섬유를 거쳐서 몸의 모든 부분들에 들어갑니다. 여기에서 알 수 있는 것은, 머리는 뇌로 말미암아 그것에 예속(隸屬)되어 있는 개별적인 것이나 전체적인 모든 것들을 다스린다는 것입니다. 부연한 이러한 예들은, 하나님께서는 지극히 작은 것에 이르기까지 만유를 질서에 따라서 어떻게 지각하시고, 보시고, 아시는가에 관한 개념을 가시적인 것들을 통해서 단순히 알게 하기 위한 것입니다.

  질서에 일치하는 이런 것들을 통해서 하나님께서는 모든 전체적인 것들이나 개별적인 것들을, 심지어 지극히 작은 미미한 것까지도, 지각하시고, 아시고, 보시며, 뿐만 아니라 질서에 어긋나서 행하여지는 것까지도 그러합니다. 그 이유는 하나님께서는 악 가운데 사람을 두시지 않으시고, 오히려 악에서부터 사람을 이끌어내시기 때문입니다. 따라서 하나님께서는 사람을 악 가운데로 인도하시지 않고, 오히려 사람과 더불어 악에 대하여 싸우십니다. 하나님의 선과 진리에 따라서 하나님 자신에게 대항하는 계속적인 악이나 거짓에 속한 투쟁·싸움·반항·증오나 반감 등으로 말미암아 하나님께서는 그것들의 양(量)과 질(質) 모두를 지각하십니다. 이러한 일은 하나님의 질서에 속한 전체적인 것이나 개별적인 것 안에 존재하는 하나님의 전지(全知)에서, 그리고 동시에 거기에 있는 전체적인 것들이나 개별적인 것들에 속한 하나님의 선시에서 비롯됩니다. 비교하여 말한다면, 그것은 마치 조화 가운데 있는 귀를 가진 사람은, 귀에 거슬리거나 조화스럽지 않은 소리를 들으면, 그 소리가 귀에 들어오자 즉시 그 소리가 얼마나, 어떤 식으로 귀에 거슬리고, 조화되지 않는지를 인지하는 것과 같습니다(≪순정기독교≫ 60 · 61항).

⑪ 하나님의 편재성(遍在性)

신령무소부재(無所不在)는 영계에 있는 천사들이나 영들의 놀라운 현존(現存 · presence)에 의하여 쉽게 설명되겠습니다. 그 이유는 영계에는 공간은 없고 공간의 외현(外現)만 있기 때문입니다. 그리고 천사나 영은, 만약 그 천사나 영이 사랑에 속한 유사한 정동이나 이것에서 비롯된 유사한 사상 안에 있다면, 한순간에 다른 천사나 영에게 나타날 수 있기 때문입니다. 왜냐하면 이들 정동과 사상 양자는 공간의 외현을 일으키기 때문입니다. 이러한 내용이 거기에 있는 모든 것들의 현존(現存 · presence)이다는 것은, 비록 그들이 지구에서 엄청나게 떨어져 있지만, 거기에서 내가 아주 내 가까이에서 아프리카 사람이나 힌두교도들을 볼 수 있었다는 사실에서 나에게는 아주 명백합니다. 사실인즉슨 나는, 이 태양계의 다른 지구들에 있는 사람들에게 현존할 수 있었고, 또 이 태양계 이외의 다른 지구에 있는 사람들에게도 나는 현존할 수 있었다는 사실에서도 명백합니다. 장소에 속한 것이 아니고 장소의 외현에 속한 이 현존에 의하여 나는 사도들이나, 이 세상을 떠난 교황 · 황제 · 제왕들과 이야기하였고 현대교회의 설립자들인 루터 · 칼빈 · 멜랑톤이나, 그리고 다른 여러 나라에서 온 수많은 다른 사람들과도 대화한 적이 있습니다. 천사나 영들의 현존이 이러하다면 무한하신 신령임재(臨在)가 우주 안에서 무슨 제한(制限)을 받겠습니까? 천사와 영들이 이러한 현존을 갖는 이유는, 사랑에 속한 모든 정동이나 이해에 속한 모든 사상이, 공간 밖의 공간 안에, 시간 밖의 시간 안에 있는 이것에서 비롯되기 때문입니다. 왜냐하면 어느 누구나 인도에 있는 형제나 친척 또는 친구를 생각할 수 있다면, 그는 그들이 그 때 나타날 수 있게 할 수 있기 때문입니다. 마찬가지로 그 사람은 그들에 관한 기억에서 비롯된 그들의 사랑에 의하여 감동되기도 합니다. 이러한 것들은 모두에게 유사하기 때문에, 이러한 것들에 의하여 신령무소부재는 어느 정도 설명되어질 수 있겠습니다. 그리고 또한 어떤 사람이 여러 곳을 여행하였을 경우 그 사람이 그 때의 생각에 의하여 그의 마음에 그 기억을 떠올리면, 그가 마치 여러 여행한 곳에 돌아가 있는 것과 같습니다. 아니 육체의 시각도 꼭 같은 현존을 갖습니다. 육신의 눈은, 그것들을 측정할 수 있는 중간대상물을 제외하고서는, 거리를 지각할 수 없습니다. 태양 자체도 중간대상물이 아주 멀리 떨어져 있다는 것을 깨우쳐주지 않는다면, 사람의 눈에 아주 가까이 있을 수 있습니다. 아니, 눈 안에 있을 수 있습니다. 이러한 사실은 광학(光學)에 관하여 학자들이 저술한 그들의 책에서 알 수 있습니다. 총명한 것이든, 관능적인 것이든, 사람의 모든 시각은 이와 같은 현존을 갖는데, 그 이유는 그의 영이 그의 눈을 통하여 보기 때문입니다. 그러나 짐승은 이와 같은 현존을 전혀 가지지 못하였습니다. 그 이유는 짐승은 영적인 시각이 없기 때문입니다. 이상에서 볼 때 명확한 것은, 하나님께서는 그분의 질서에 속한 처음 것에서부터 마지막까지 모든 것들 안에 계신다는 것입니다(≪순정기독교≫ 64항).

⑫ 계시(啓示)로만 가능한 하나님에 관한 지식

한 분 하나님의 성품이나 성격에 관하여 많은 나라나 민족들은 여러 가지 이유로 말미암아 잃어버렸고, 오늘에는 다양한 소견으로 나뉘어졌습니다. 그 첫째 이유는, 하나님에 관한 지식이 전혀 있을 수 없게 되었기 때문이요, 결과적으로 계시(啓示 · revelation) 없이는 하나님의 시인(是認)도 결코 존재할 수 없기 때문입니다. 그리고 "하나님의 모든 충만함이 육체적으로 주님 안에 거하신다"는 지식이나 그것에서 비롯된 시인이 계시의 면류관(the crown of revelation)인 성경 말씀을 제외하고서는 결코 존재할 수 없기 때문입니다. 그러나 주어진 계시에 의하여 사람은 하나님에게 가까이 나아갈 수 있고, 또한 하나님에게서 비롯되는 입류를 받을 수 있습니다. 그러므로 자연적인 사람이 영적인 사람이 될 수 있습니다. 그리고 또한 원계시

(原啓示 · a primeval revelation)는 온 세계에 두루 펼쳐졌습니다. 그럼에도 불구하고 자연적인 사람은 여러 가지 방법으로 그것을 오용하고, 오용하였습니다. 그것이 근원이 되어 매우 다양하고 상이한 종교적인 알력(軋轢)과 이단사설(異端邪說)과 분파가 생겨났습니다.

어쨌든 사람의 이성은, 만약 이성이 원하기만 하면, 하나님은 존재하시며, 그분은 한 분이시다는 것을 지각할 수도 있고, 결론을 얻을 수도 있습니다. 이것이 진실이라는 것은 가시적인 이 세상에 있는 수많은 것들에 의하여 확증될 수 있습니다. 왜냐하면 우주는, 마치 하나의 무대와 같아서, 하나님은 존재하시며, 하나님은 한 분이시다는 것을 계속해서 증거해 주고 있기 때문입니다(≪순정기독교≫ 11 · 12항).

5. 하나님 아들(聖子)과 사람의 아들(人子)에 관하여*15)

1) 하나님의 아들(聖子)에 관하여

일반적으로 교회에서는 하나님의 아들(the Son of God)은 아버지(聖父)의 위(位 · person)와 전혀 다른 신격(神格 · Godhead)의 둘째 위(位 · the second person)로 가정합니다. 여기서부터 영원 전부터 출생한 하나님의 아들(the Son of God)에 관한 신조(信條)가 비롯된 것입

---

*15) ≪사대교리≫의 '주님론' 19항부터 28항의 내용이다.

니다. 이 신조가 보편적으로 수용되고 있기 때문에, 그리고 이 신조가 하나님과 관계되기 때문에, 어느 누구도 이성으로 그것에 관해서 생각해 보는 기회도 가질 수 없었고, 또 그렇게 하는 것까지도 허용되지 않았습니다. 그리고 또한 영원 전에 태어났다는 것이 무엇인지에 관해서 생각해 본 적도 없습니다. 왜냐하면 이성으로 말미암아 그것에 관해서 생각하는 사람은 어느 누구도 자기 스스로 "이것은 나의 이성을 초월한 것이다"라고 말하여야만 했기 때문입니다. 그럼에도 불구하고 다른 사람들이 그렇게 말하기 때문에 나도 그렇게 말한다, 또는 다른 사람이 그렇게 믿기 때문에 나도 그렇게 믿는다고 말해야만 했습니다. 필히 주지하여야 할 것은, 그 경우 영원 전부터 존재한 아들(the Son)은 없었고, 오히려 주님(the Lord)께서 영원 전부터 계셨다는 것입니다. 주님이 어떤 존재이시고, 아들(the Son)이 어떤 존재인지를 밝히 안다면, 삼일성 하나님(三一性 · the Triune God)에 관해서는 이성으로 생각하는 것이 가능할 것이지만, 그렇기 전에는 불가능하다는 것입니다.

[2] 아버지 여호와(Jehovah the Father)로 잉태하시고, 처녀 마리아의 몸에서 탄생한 주님의 인성(the Lord's Human)이 하나님의 아들(the Son of God)이다는 것은 아래의 구절들에서 아주 명백합니다. 누가복음서의 말씀입니다.

천사 가브리엘이, 하나님께로부터 갈릴리 지방의 나사렛 동네로 보내심을 받아서, 다윗의 가문에 속한 요셉이라는 사람과 약혼한 처녀에게로 갔다. 그 처녀의 이름은 마리아였다. 천사가 안으로 들어가서, 마리아에게 말하였다. "은혜를 입은 사람아, 기뻐하여라. 여인들 가운데서 복 받은 여인아, 주께서 너와 함께 계신다." 마리아는 이 말을 듣고 몹시 놀라 '이 인사말이 대체 무슨 뜻일까' 하고 생각하였다. 천사가 마리아에게 말하였다. "두려워하지 말아라. 마리아야, 너는 하나님의 은혜를 입었다. 보아라, 네가 잉태하여 아들을 낳을 것이니, 너는 그의 이름을 예수라고 하여라. 그는 위대하게 되고, 가장 높으신 분의 아들이라고 불릴 것이다."……마리아가 천사에게 말하기를 "나는 남자를 알지 못하는데, 어떻게 이런 일이 있겠습니까?" 하였다. 천사가 마리아에게 말하였다. "성령이 네게 임하시고, 가장 높으신 분의 능력이 너를 감싸 줄 것이다. 그러므로 너에게 태어날 아기는 거룩한 분이요, 하나님의 아들이라 불릴 것이다.
(누가 1 : 26-35)

이 구절에서 "네가 잉태하여 아들을 낳을 것이다" "그는 위대하게 되고, 가장 높으신 분의 아들이라고 불릴 것이다"는 말씀이 언급되었습니다. 이 내용에서 명백히 알 수 있는 것은 하나님으로 잉태되고, 처녀 마리아가 낳은 인성(人性 · the Human)을 "하나님의 아들"이라고 부른 것입니다.
[3] 이사야서에의 말씀입니다.

주께서 친히 다윗 왕실에 한 징조를 주실 것입니다. 보십시오, 처녀가 잉태하여 아들을 낳을 것이며, 그가 그의 이름을 임마누엘이라고 할 것입니다.
(이사야 7 : 14)

처녀에게서 낳고, 하나님으로 잉태된 아들(the Son)이 "하나님이 우리와 함께 계신다"는 그분이라는 것, 따라서 하나님의 아들(the Son of God)이라는 그분이시다는 것은 아주 명백합니다. 이와 같은 경우는 마태복음서 1장 22, 23절에 의하여 또한 확증되겠습니다.
[4] 이사야서에의 말씀입니다.

한 아기가 우리에게 태어났다.
우리가 한 아들을 얻었다.
그는 우리의 통치자가 될 것이다.
그의 이름은 '기묘자, 모사,
전능하신 하나님,
영존하시는 아버지,
평화의 왕'이라고 불릴 것이다.
(이사야 9 : 6)

이 말씀의 요지(要旨)도 꼭 같습니다. 왜냐하면, "우리에게 한 아기가 태어났고, 우리에게 한 아들이 주어졌다"(=우리가 한 아들을 얻었다)라고 언급되었고, 그가 영원 전부터 계신 아들(a Son)이 아니고, 이 세상에 태어난 아들(a Son)이라고 언급되었기 때문입니다. 이러한 사실은, 누가복음서 1장 32, 33절에서 천사 가브리엘이 마리아에게 말한 내용과 같은, 다음 절의 예언자의 말씀에서 명백합니다.
[5] 시편서의 말씀입니다.

> 나 이제 주께서 내리신 칙령을 선포한다.
> 주께서 나에게 이르시기를
> '너는 내 아들,
> 내가 오늘 네 아버지가 되었다.'(=너를 낳았다.)
> 그의 아들에게 입맞추어라.
> 그렇지 않으면, 그가 진노하실 것이니,
> 너희가, 걸어가는 그 길에서 망할 것이다.
> (시편 2 : 7, 12)

이 말씀에서도 영원 전부터 계신 아들을 뜻하지 않고, 오히려 이 세상에 태어난 아들을 뜻합니다. 왜냐하면 그것은 오시기로 되어 있는 주님에 관한 예언이기 때문입니다. 그러므로 "여호와께서 다윗에게 선포하신 칙령"이라고 하였습니다. "오늘"(this day)은 영원 전부터 (from eternity)를 가리키지 않고, 오히려 제 때(in time)를 가리킵니다.

[6] 시편서의 말씀입니다.

    그의 통치를 지중해(=바다)로 뻗게 하고……
    그는 나를 일컬어
    '내 아버지, 내 하나님
    내 구원의 반석'이라고 할 것이다.
    나도 그를 맏아들로 삼아서,
    세상의 왕들 가운데서,
    가장 높은 왕으로 삼겠다.
    (시편 89 : 25-27)

  이 시 전체는 오시기로 되어 있는 주님에 관하여 언급합니다. 그러므로 그분은 "여호와를 그분의 아버지로 부른" 그분이 뜻하는 분이시고, "맏아들"이 되신, 따라서 하나님의 아들이신 그분을 뜻합니다.
[7] 다른 곳에서도 마찬가지인데, 그 곳에서도 그분은 이렇게 불리웁니다. 즉—.

    이새의 줄기에서 난 한 싹.
    (이사야 11 : 1)
    다윗에게서 돋아난 의로운 가지.
    (예레미야 23 : 5)
    여자의 자손.
    (창세기 3 : 15)
    독생자.
    (요한 1 : 18)

영원한 제사장, 주.
(시편 110 : 4, 5)

[8] 유대 교회에서는 하나님의 아들이 그들이 기다리던 "메시아"로 이해하고, 또 그분에 관해서 그들은 그분이 베들레헴에 태어날 것으로 알고 있었습니다. 하나님의 아들을 "메시아"로 그들이 이해한다는 것은 아래의 구절들에서 아주 명백합니다. 요한복음서의 말씀입니다.

베드로가 대답하였다. "우리는, 선생님이 하나님의 거룩한 분이심을 믿고, 또 알았습니다."
(요한 6 : 69)

또 같은 복음서의 말씀입니다.

"예, 주님! 주님은 세상에 오실 그리스도(=메시아)이시며, 하나님의 아들이신 줄을 내가 믿습니다."
(요한 11 : 27)

마태복음서의 말씀입니다.

대제사장이 예수께 말하였다. "그대가 하나님의 아들 그리스도요?" 예수께서 그에게 대답하셨다. "내가 바로 그이요."
(마태 26 : 63, 64 ; 마가 14 : 62)

요한복음서의 말씀입니다.

여기에 이것이나마 기록한 목적은, 여러분으로 하여금, 예수가 그리스도요, 하나님의 아들이심을 믿게 하고, 또 그렇게 믿어서 그의 이름으로 생명을 얻게 하려는 것이다.
(요한 20 : 31 ; 마가 1 : 1)

"그리스도"는 희랍 말로, "기름부음을 받은 자"(the Anointed)입니다. 히브리 말로 "메시아"는 꼭 같은 뜻이기 때문에, 그러므로 요한복음서에는―.

"우리가 메시아를 만났소" 하고 말하였다. "메시아"는 그리스도라는 말이다.
(요한 1 : 41)

그리고 다른 곳에는―.

여자가 말하기를 "나는, 그리스도라고 하는 메시아가 오실 것을 압니다."
(요한 4 : 25)

[9] 제 1장에서 설명한 것은, 율법과 예언서, 다시 말하면 구약의 전말씀이 주님에 관한 것이고, 그러므로 오시기로 되어 있는 하나님의 아들은, "주님께서 이 세

상에 오셔서 입으신 인성(人性 · the Human) 이외의 다른 뜻이 아니라는 것"이었습니다. 여기에서 뒤이어지는 것은, 예수님께서 세례를 받으실 때, 하늘에서 비롯된 음성으로, 여호와에 의하여 불리운 그분의 아들이 바로 인성(人性)을 뜻한다고 하겠습니다. 즉—.

하늘로부터
"이는 내 사랑하는 아들이다.
내가 그를 좋아한다."
(마태 3 : 17 ; 마가 1 : 11 ; 누가 3 : 22)

왜냐하면 세례받은 존재는 "그분의 인성"이시기 때문입니다. 그분께서 변화하셨을 때의 말씀입니다.

구름 속에서, "이는 내 사랑하는 아들이다. 내가 그를 좋아한다. 너희는 그의 말을 들어라."
(마태 17 : 5 ; 마가 9 : 7 ; 누가 9 : 35)

다른 곳에서도 마찬가지입니다(마태 8 : 29 ; 14 : 33 ; 마가 3 : 11 ; 15 : 39 ; 요한 1 : 34, 49 ; 3 : 18 ; 5 : 25 ; 10 : 36 ; 11 : 4 참조).

"하나님의 아들"(the Son of God)이 주님께서 이 세상에서 입으신 신령인성(神靈人性 · The Divine Human)을 가리키는 인성(人性 · the Human)으로서 주님을 뜻하기 때문에, 아버지(聖父)에 의하여 그분은 세상에 보내졌다고, 그리고 또 그분께서 아버지(聖父)로부터 오셨다고 매우 자주 말씀하신 주님의 말씀이 무엇을 뜻하는지 명백해졌습니다. 아버지에 의하여 그분이 이 세상에 보내지셨다는 것은 아버지 여호와로 말미암아 잉태되었다는 뜻입니다. 보내졌다, 또는 아버지에 의한 보내짐이 뜻하는 것이 이외의 다른 뜻이 아니라는 것은, 주님께서 아버지의 뜻(the will of the Father)과 아버지의 일(His works)을 행한다고 언급된 모든 구절들에서 아주 잘 알 수 있습니다. 그 뜻과 그 일은 바로 주님께서 지옥을 정복하고, 그의 인성을 영화시키시는 것이고, 또 성언을 가르치고, 새로운 교회를 설시하시는 일들을 가리키는데, 그와 같은 일은, 여호와로 잉태하고, 처녀에게서 출생하는 한 인간(a Human)에 의하지 않고서는, 다시 말하면, 하나님께서 사람이 되시지 않으시면, 행해질 수 없습니다. "보내졌다"(sent)는 말씀이 있는 여러 귀절을 살펴보십시오. 여러분은 잘 이해하실 것입니다. 그 귀절들은 이러합니다. 마태 10 : 40 ; 15 : 24 ; 마가 9 : 37 ; 누가 4 : 43 ; 9 : 48 ; 10 : 16 ; 요한 3 : 17, 34 ; 4 : 34 ; 5 : 23, 24, 36-38 ; 6 : 29, 39, 40, 44, 57 ; 7 : 16, 18, 29 ; 8 : 16, 18, 29, 42 ; 9 : 4 ; 11 : 42 ; 12 : 44, 45, 49 ; 13 : 20 ; 14 : 24 ; 15 : 21 ; 16 : 5 ; 17 : 3, 8, 21, 23, 25 ; 20 : 21 등입니다. 그리고 또한 주님께서 여호와를

"아버지"(Father)라고 부르신 구절들도 여럿 있습니다.

　오늘날 많은 사람들은 주님을 자기 자신과 꼭 같은 보통 사람 이상으로 생각하지 않습니다. 그 이유는 그들은 동시에 그분의 신성(His Divine)은 생각하지 않고, 오직 그분의 인성(His Human)만 생각하기 때문입니다. 그럼에도 불구하고, 그 때 그분의 신성과 인성은 분리시킬 수 없습니다. 왜냐하면 주님께서는 하나님이시고, 사람이시고(God and Man), 그리고 주님 안에서 하나님과 사람(God and Man)은 별개의 둘이 아니고, 한 인격(one Person)입니다. 정말로 그렇고 말구요, 전적으로 하나입니다. 그것은 마치 영혼과 몸이 한 사람인 것과 같습니다. 이것은 아타나시우스 신조(the Athanasian Creed)라고 하여 종교회의(宗敎會議·councils)에 의하여 제정된 것을 전 기독교계가 수용한 교리에 일치하는 것이기도 합니다. 그러므로 앞으로 어느 누구도 그의 생각에서 주님 안에 있는 신성과 인성을 분리할 수 없으며, 바라건대 여러분은 앞서 인용한 누가복음서의 말씀들이나, 또한 아래 인용하려는 마태복음서의 말씀들을 잘 읽으시고 바르게 이해하시기를 바랍니다. 마태복음서의 말씀입니다.

　예수 그리스도의 태어나심은 이러하다. 그의 어머니 마리아가 요셉과 약혼하고 나서, 같이 살기 전에.

마리아가 성령으로 잉태한 사실이 드러났다. 마리아의 남편 요셉은 의로운 사람이므로, 약혼자에게 부끄러움을 주지 않으려고, 가만히 파혼하려 하였다. 요셉이 이렇게 생각하고 있는데, 주의 천사가 꿈에 그에게 나타나서 말하였다. "다윗의 자손 요셉아, 두려워하지 말고, 마리아를 네 아내로 맞아들여라. 그 몸에 잉태된 아기는 성령으로 말미암은 것이다. 마리아가 아들을 낳을 것이니, 너는 그 이름을 예수라고 하여라. 그가 자기 백성을 그들의 죄에서 구원하실 것이다."……요셉은 잠에서 깨어 일어나서, 주의 천사가 말한 대로, 마리아를 아내로 맞아들였다. 그러나 아들을 낳을 때까지, 아내와 잠자리를 같이 하지 않았다. 아들이 태어나니, 요셉은 그의 이름을 예수라고 하였다.

(마태 1 : 18-26)

이들 구절에서, 그리고 주님의 출생에 관한 누가복음서에 기술된 구절들에서, 또한 앞서 인용한 다른 구절들에서 분명한 것은, "하나님의 아들"(the Son of God)은 아버지 여호와로 말미암아 잉태하고 처녀 마리아에게서 난 예수라는 것과, 그분에 관한 모든 내용들에 관해서 세례 요한에 이르기까지 예언서들과 율법에 예언되었다는 것입니다.

2) 사람의 아들(人子)이 뜻하는 내용들

주님 안에서 "하나님의 아들"이라고 불리우는 것이 **무엇**(what)이고, 그분 안에서 "사람의 아들"(the Son of man)이라고 불리우는 것이 **무엇**(what)인지 아는 사람은 성경에 속한 수많은 비의(秘義)를 능히 이해할 수 있습니다. 왜냐하면, 어떤 때는 주님께서는 자신을 "아들"(the Son)이라고 부르고, 어떤 때는 "하나님의 아들"(the Son of God)이라고 부르고, 어떤 때는 "사람의 아들"(人子 · the Son of man)이라고 불렀으며, 어디서나 그 주제(主題)에 따라서 그와 같이 언급되었기 때문입니다. 그분의 신성(神性 · His Divinity), 그분의 아버지(聖父)와의 하나되심(同一性 · His oneness with the Father), 그분의 신령능력(神靈能力 · His Divine power), 그분을 믿는 믿음, 그분에게서 비롯된 생명 등이 언급되었을 때에는, 주님께서는 자기 자신을 "아들"(the Son) 또는 "하나님의 아들"(the Son of God)이라고 불렀습니다. 이와 같은 예는 요한복음 5장 17-26절과 그 밖의 여러 곳이 있습니다. 그러나 주님의 고난 · 심판 · 강림이나, 또는 일반적으로 구속(救贖 · redemption) · 구원(救援 · salvation) · 바로잡음(改革 · reformation) · 거듭남(重生 · regeneration) 등에 관해서 언급된 곳에서는 주님께서는 자기 자신을 "사람의 아들"(人子)이라고 불렀습니다. 그 이유는 그 때 주님께서는 성언에 관하여 뜻하여졌기 때문입니다. 구약의 말씀에서 주님께서 여러 이름들로 명명(命名)되고 있는데, 거기에서 거명된 이름은, 여호와

· 야(Jah) · 주 · 하나님 · 주 여호와 · 여호와 제바오즈 (Jehovah Zebaoth) · 이스라엘의 하나님 · 이스라엘의 거룩한 분 · 야곱의 전능한 분 · 샤다이(Shaddai) · 반석 (磐石 · the Rock) · 창조주 · 지으신 분(the Former) · 구원주 · 속량주 등등인데, 그것은 어디서나 다루고 있는 주제에 따라서 달리 명명되고 있습니다. 신약의 말씀에서도 꼭 같은데, 여기에서는 주님께서, 예수 · 그리스도 · 예수 그리스도 · 주님(the Lord) · 하나님 · 하나님의 아들 · 사람의 아들 · 예언자 · 어린 양, 그 밖의 다른 이름들로 불리워졌습니다. 그리고 어디서나 다루어지는 주제에 따라서 달리 명명(命名)되었습니다.

어떤 입장(立場)에서 주님께서 "하나님의 아들"이라고 불리워졌는가를 설명하였기 때문에, 우리는 지금 주님께서 "사람의 아들"(人子)이라고 불리운 입장을 설명하려고 합니다. 주님께서는, 주님의 고난 · 심판 · 강림 그리고 일반적으로 구속 · 구원 · 개혁이나 중생에 관해서 다루어진 곳에서, "사람의 아들"(人子)이라고 불리웠습니다. 그 이유는, "사람의 아들"이 성언에 관해서 주님을 뜻하기 때문입니다. 그리고 또한 말씀(聖言)으로서 주님께서는 고난을 당하셨고, 심판하셨고, 이 세상에 오셨고, 사람들을 구속하시고, 구원하시고, 개혁시키시고, 중생시키셨기 때문입니다. 이와 같은 사실은 아래에 이어지는 내용들에서 아주 명백합니다.

주님의 고난이 다루어졌을 때 주님께서는 "사람의 아들"(人子 · the Son of man)이라고 불리웠다는 것은 아래 장절에서 아주 명백합니다. 복음서의 말씀입니다.

> 예수께서 제자들에게 일러주시기 시작하셨다. "보아라, 우리는 예루살렘으로 올라가고 있다. 인자(人子)가 대제사장들과 율법학자들의 손에 넘어갈 것이다. 그들은 인자에게 사형을 선고하고, 이방 사람들에게 넘겨 줄 것이다. 그리고 이방 사람들은 인자를 조롱하고, 침 뱉고, 채찍질하고, 죽일 것이다. 그러나 그는 사흘 뒤에 살아날 것이다."
> (마가 10 : 33, 34)

(다른 곳에서도 주님께서는 주님의 고난을 예언하셨는데, 마태복음서 20장 18, 19절과 마가복음서 8장 31절, 누가복음서 9장 22절 참조.)

> 제자들에게 와서, 그들에게 말씀하셨다. "때가 가까이 왔다. 인자가 죄인들의 손에 넘어간다.
> (마태 26 : 45)
> 천사가 무덤을 찾아 온 여인들에게 말하였다. "갈릴리에 계실 때에, 하신 말씀을 기억해 보십시오. '인자는 반드시 죄인의 손에 넘어가서, 십자가에 처형되고, 사흘째 되는 날에 살아나야 한다'고 하셨습니다."
> (누가 24 : 6, 7)

주님께서 그 때 자기 자신을 "사람의 아들"이라고 부르신 이유는 앞에서 충분하게 설명한 것과 같이, 그들이 말씀(聖言 · the Word)을 취급한 것과 꼭 같은 방법으로 취급되는 고난을 주님께서 당하셨기 때문입니다.

심판(審判 · judgment)이 다루어질 때, 주님께서 "사람의 아들"이라고 불리워진 것은 아래의 장절들로 명백합니다. 복음서의 말씀입니다.

"인자가 모든 천사와 더불어 영광에 둘러싸여서 올 때에, 그는 자기의 영광스러운 보좌에 앉을 것이다. …… 양은 그의 오른쪽에, 염소는 그의 왼쪽에 세울 것이다."
(마태 25 : 31, 33)
예수께서 그들에게 말씀하셨습니다. "내가 진정으로 너희에게 말한다. ……인자가 자기의 영광스러운 보좌에 앉고, …… 이스라엘의 열두 지파를 심판할 것이다."
(마태 19 : 28)
인자가 자기 아버지의 영광에 싸여, 자기 천사들을 거느리고 올 터인데, 그 때에 그는 각 사람에게 그 행실대로 갚아 줄 것이다.
(마태 16 : 27)
인자 앞에 설 수 있도록, 기도하면서 늘 깨어 있어라.

(누가 21 : 36)
너희가 생각하지도 않은 때에 인자가 올 것이다.
(마태 24 : 44 ; 누가 12 : 40)
아버지께서는 아무도 심판하지 않으시고, 심판하는 일을 모두 아들에게 맡기셨다. 그것은, 아들이 인자이기 때문이다.
(요한 5 : 22, 27)

심판이 다루어질 때 주님께서 자기 자신을 "사람의 아들"(人子 · the Son of man)이라고 부르신 이유는, 모든 심판은 성언 안에 있는 신령진리(神靈眞理)에 일치하여 이루어지기 때문입니다. 이 신령진리가 심판한다는 것은 주님 친히 요한복음서에서 말씀하셨습니다.

어떤 사람이 내 말을 듣고서, 그것을 지키지 않을지라도, 나는 그를 심판하지 않는다. 내가 온 것은, 세상을 심판(=정죄)하려는 것이 아니라, 구원하려는 것이다. …… 내가 말한 바로 이 말이, 마지막 날에 그를 심판할 것이다.
(요한 12 : 47, 48)
하나님이 아들을 세상에 보내신 것은, 세상을 심판하시려는 것이 아니라, 아들로 세상을 구원하시려는 것이다. 아들을 믿는 사람은 심판을 받지 않는다. 그러나 믿지 않는 사람은 이미 심판을 받았다. 그것은 하나님의 독생자의 이름을 믿지 않았기 때문이다.

(요한 3 : 17, 18)

주님께서는 어느 누구도 지옥에 가도록 심판하시지 않으시며, 또 어느 누구도 지옥으로 내동댕이치시지 않지만, 그러나 악령(惡靈 · an evil spirit) 자체가 지옥으로 내동댕이친다는 것은 나의 저서 ≪천계와 지옥≫ (Heaven and Hell) 545-550항과 574항에서 잘 알 수 있습니다. 여호와 · 주님 또는 하나님의 아들 등등의 "이름"(the name)은 신령진리를 뜻하고, 그러므로 그분에게서 비롯되고, 그분에 관한 성언(聖言 · the Word)을 뜻하며, 따라서 그분 자신을 가리킵니다.

주님의 강림(降臨)이 다루어졌을 때, 주님께서는 "사람의 아들"이라고 불리웠다는 것은 아래의 구절에서 명백합니다.

제자들이 따로 그에게 다가와서 여쭈었다. "이런 일들이 언제 일어나겠습니까? 선생님께서 오시는 때와 세상 끝 날에는 어떤 징조가 있을 것인지를, 저희에게 말씀해 주십시오."……(그 때 주님께서 교회의 계속적인 상태가 그 종말에 이르기까지를 미리 말씀하시고, 그 종말에 관하여 말씀하셨다.) "그 때에 인자가 올 징조가 하늘에서 나타날 터인데, 그 때에는 땅에 있는 모든 민족이 가슴을 치며, 인자가 큰 권능과 영광으로 하늘 구름을 타고 오는 것을 볼 것이다."

(마태 24 : 3, 30 ; 마가 13 : 26 ; 누가 21 : 27)

"세상 끝 날"(the consummation of the age)은 교회의 마지막 때를 뜻하고, "권능과 영광으로 하늘 구름을 타고 오는 그분의 오심"은 성언의 열림(the opening of the Word)과 성언이 오직 그분에 관해서 기술되었다는 명확한 확증(the making manifest)을 뜻합니다. 다니엘서에의 말씀입니다.

나는, 인자(the Son of man) 같은 이가 하늘 구름을 타고 오는 것을 보았습니다.
(다니엘 7 : 13)

묵시록서의 말씀입니다.

보아라, 그가 구름을 타고 오신다.
눈이 있는 사람은 다 그를 볼 것이다.
(묵시록 1 : 7)

이 말씀이 사람의 아들에 관해서 언급하고 있는데, 그와 같은 사실은 13절 말씀에서 아주 명백합니다.

또 내가 보니, 흰 구름이 있고, 그 구름 위에는 '인자 같은 이'가 앉아 있었습니다.
(묵시록 14 : 14)

[2] "하나님의 아들"이 주님을 뜻한다는 것과 "사람의 아들"이 주님을 뜻하는 것이 서로 다르다는 것은 대제사장의 질문에 대한 주님의 답변에서 잘 알 수 있습니다. 마태복음서의 말씀입니다.

> 대제사장이 예수께 말하였다. "내가 살아 계신 하나님께 맹세하고 그대에게 명령하니, 대답하시오. 그대가 하나님의 아들 그리스도요?" 예수께서 그에게 대답하셨다. "당신이 말하였소. 내가 당신들에게 다시 말하오. 이제로부터 당신들은, 인자가 권능의 보좌 오른쪽에 앉아 있는 것과 하늘 구름을 타고 오는 것을 보게 될 것이오."
> (마태 26 : 63, 64)

이 말씀에서 주님께서는 처음에는 주님이 하나님의 아들이시다는 것을 자인(自認)하셨고, 그 뒤에 가서는, 그들이 권능과 보좌 오른쪽에 앉아 있고, 또 하늘 구름을 타고 오는 사람의 아들(人子)을 보게 될 것이라고 말씀하셨습니다. 이 말씀은, 십자가의 고난을 받으신 뒤, 주님께서 성언을 여시고(opening the Word), 새로운 교회를 설시하실 신령권능(神靈權能 · the Divine power)을 소유하실 것을 뜻합니다. 이런 일은 그와 같은 일이 있기 전에는 이루어질 수 없는데, 그 이유는, 주님께서 그 때에는 지옥을 정복하시지 못하였고 또 인성을 영화롭게 하지 못하였기 때문입니다. (하늘 구름을 타고, 영광

가운데 오신다는 말씀이 무엇을 뜻하는지는 나의 저서 ≪천계와 지옥≫(Heaven and Hell) 제 1 항에서 설명하였다.)

구속(救贖)·Redemption)·구원(救援·Salvation)·바로잡음(改革 · Reformation) · 거듭남(重生 · Regeneration)을 다룰 때 주님께서는 자신을 "사람의 아들"(人子 · the Son of man)이라고 부르셨다는 것은 아래의 장절들로 명백합니다.

> 인자는 섬김을 받으러 온 것이 아니라 섬기러 왔으며, 많은 사람을 위하여 자기 목숨을 대속물로 내주러 왔다.
> (마태 20 : 28 ; 마가 10 : 45)
> "인자가 온 것은 사람의 생명을 멸하려 함이 아니라 구원하려함이다" 하셨다.
> (마태 18 : 11 ; 누가 9 : 56)
> 인자는 잃은 것을 찾아 구원하러 왔다.
> (누가 19 : 10)
> 하나님이 아들을 세상에 보내신 것은, 세상을 심판하시려는 것이 아니라, 아들로 세상을 구원하시려는 것이다.
> (요한 3 : 17)
> 예수께서 이렇게 말씀하셨다. "좋은 씨를 뿌리는 이는 인자요."
> (마태 13 : 37)

여기서는 구속(救贖 · Redemption)과 구원(救援 · Salvation)이 다루어지고 있는데, 주님께서는 성언에 의하여 그 일을 성취하시기 때문에, 이 말씀에서 주님께서는 자기 자신을 "사람의 아들"(人子 · the Son of man)이라고 부르셨습니다. 주님께서 말씀하셨습니다.

> 인자가 땅에서 죄를 용서하는 권세(*potestas*)(즉 구원하는 권세)를 가지고 있음을 너희에게 알게 하겠다.
> (마가 2 : 10 ; 누가 5 : 24)
> 인자는 안식일의 주인이다. 왜냐하면 그가 인자이기 때문이다.(다시 말하면 주님은 말씀이시고, 그 때에 가르치시는 이는 주님 자신이기 때문이다.)
> (마태 12 : 8 ; 마가 2 : 28 ; 누가 6 : 5)

주님께서는 요한복음서에서 더 자세히 말씀하셨습니다.

> 너희는 썩을 양식을 얻으려고 일하지 말고, 영원한 생명에 이르게 하는 양식을 위해 일하여라. 그 양식은, 인자가 너희에게 줄 것이다.
> (요한 6 : 27)

이 말씀에서 "양식"(糧食 · meat)은 성언에서 비롯된, 즉 주님에게서 비롯된 교리에 속한 모든 선과 진리를 뜻합니다. 그리고 이것은 만나(manna)가 뜻하는 것이고, 하늘에서 내려온 빵(bread)이 뜻하는 것입니다. 그리고 또한 같은 장의 아래 말씀이 뜻하는 것입니다.

> 예수께서 그들에게 말씀하셨다. "내가 진정으로 진정으로 너희에게 말한다. 너희가 인자의 살을 먹지 않고, 또 인자의 피를 마시지 않으면, 너희 속에는 생명이 없다."
> (요한 6 : 53)

이 말씀에서 "살"(flesh)과 "빵"(bread)은 성언에서 비롯된 사랑에 속한 선을 가리키고, "피"(blood)와 "포도주"(wine)는 성언, 즉 주님에게서 비롯된 믿음에 속한 선을 가리킵니다.

[2] 아래의 장절에서와 같이, 주님이 거명된 다른 장절에서도 "사람의 아들"은 꼭 같은 뜻을 뜻합니다. 즉―.

> 여우도 굴이 있고, 하늘을 나는 새도 보금자리가 있으나, 인자는 머리 둘 곳이 없다.
> (마태 8 : 20 ; 누가 9 : 58)

이 말씀은, 주님께서 요한복음서 8장 37절에서 말씀하신 것과 같이, 성언(聖言 · the Word)이 유대 사람들에게는 머물 자리가 전혀 없다는 것과, 그리고 또한 그들이 자신들 안에 살아 있지 않은 말씀으로, 그것을 가지고 있다는 것을 뜻합니다. 그 이유는 그들이 주님을 시인하지 않기(요한 5 : 38) 때문입니다. 묵시록에서도 역시 "사람의 아들"은 성언에 관한 주님을 뜻합니다. 묵시록의 말씀입니다.

촛대 한가운데 "인자와 같은 이"가 계셨습니다. 그는 발에 끌리는 긴 옷을 입고, 가슴에는 금띠를 띠고 계셨습니다.
(묵시록 1 : 13 ; 기타 다른 곳)

여기서는 주님께서 여러 가지 방법 가운데 성언(聖言·말씀·the Word)으로 표징되었습니다. 그러므로 주님께서는 "사람의 아들"로 호칭되었습니다. 시편서의 말씀입니다.

주의 오른쪽에 있는 사람,
주께서 몸소 굳게 잡아 주신 인자 위에
주의 손을 얹어 주십시오.
우리가 주님을 떠나지 않을 것이니,
주의 이름을 부를 수 있도록
우리를 살려 주십시오.
(시편 80 : 17, 18)

"주의 오른쪽에 있는 사람" 역시 말씀에 관한 주님을 뜻합니다. 그것은 바로 "인자"(=사람의 아들)가 뜻합니다. 주님께서 "주의 오른쪽에 있는 사람"이라고 불리웠는데, 그 이유는, 주님께서는 성언을 가리키는 신령진리(神靈眞理 · the Divine truth)에서 비롯된 권능(權能 · power)을 가지셨기 때문이고, 그리고 주님께서 전성언(全聖言)을 이루셨을 때 주님은 신령권능(神靈權能 · Divine power)을 차지하셨기 때문입니다. 그러므로 주님 친히 말씀하셨습니다.

> 예수께서 말씀하셨다. "내가 바로 그(=그리스도)이요. 당신들은 인자가 전능하신 분의 오른쪽에 앉아 있는 것과, 하늘의 구름을 타고 오는 것을 보게 될 것이오."
> (마가 14 : 62)

"사람의 아들"이 성언으로서의 주님을 뜻한다는 것은 예언자들이 "사람의 아들"이라고 불리운 바로 그 이유입니다. 예언자들이 사람의 아들이라고 불리운 이유는, 그들이 성언에 관해서 주님을 표징하기 때문이고, 따라서 성언에서 비롯된 교회에 속한 가르침(敎理)을 뜻하기 때문입니다. 천계에서는, 성경에 거명된 것과 같이, "예언자"가 다른 뜻으로 이해되지 않습니다. 왜냐하면 "사람의 아들"과 꼭 같이, "예언자"의 영적인 표의(表意 · the spiritual signification)가 "성언에서 비롯된 교회의 가르침"(敎理)을 뜻하기 때문입니다. 그리고 주님에 관하여 서술할 때에는 "예언자"가 주님을 뜻하기 때문입니다. 예언자 다니엘이 다니엘서 8장 17절에서 "사람의 아들"(人子)이라고 불리운 것을 볼 수 있습니다. 예언자 에스겔도 아래에서와 같이 "사람의 아들"이라고 불리웠습니다. 즉 에스겔서 2：1, 3, 6, 8；3：1, 3, 4, 10, 17, 25；4：1, 16；5：1；6：2；7：2；8：5, 6, 8, 12, 15；11：2, 4, 15；12：2, 3, 9, 18, 22, 27；13：2, 17；14：3, 13；15：2；16：2；17：2；20：3, 4, 27, 46；21：2, 6, 9, 12, 14, 19, 28；22：18, 24；23：2, 36；24：2, 16, 25；25：2；26：2；27：2；28：2, 12, 21；29：2, 18；30：2, 21；31：2；32：2, 18；33：2, 7, 10, 12, 24, 30；34：2；35：2；36：1, 17；37：3, 9, 11, 16；38：2, 14；39：1, 17；40：4；43：7, 10, 18；44：5 등등입니다. 이상에서 볼 때 명백한 것은, 신령인성(神靈人性·the Divine Human)에 관하여 주님께서는 "하나님의 아들"(the Son of God)이라고, 그리고 성언에 관하여서는 "사람의 아들"(the Son of man)이라고 불리웠다는 것입니다.

6. 주님께서 아버지(聖父)가 되셨다*16)

1) 교리의 가르침

전기독교계에 수용된 교회의 가르침(the Doctrine of the Church)은 이렀습니다.

---

*16) ≪새로운 교회의 사대교리≫의 '주님론' 29항부터 36항의 내용이다.

우리 주 예수 그리스도, 하나님의 아들은 하나님이시고 사람입니다. 그분은 비록 하나님이시고 사람이지만, 그럼에도 불구하고 그분은 둘이 아니고 한 분 그리스도이십니다. 인간성(人間性 · the manhood)을 하나님으로 담당하시는 것에 의하여, 하나이십니다. 인격의 하나됨(合一 · unity of person)에 의하여 전적으로 하나이십니다. 왜냐하면 온당한 영혼과 육신이 한 사람(one man)인 것과 같이 하나님과 사람은 한 분 그리스도이시기 때문입니다.

이 내용은 아타나시우스 신조에서 발췌한 것인데, 이 신조는 전 기독교계 안에 수용되고 있습니다. 그리고 이 내용은 주님 안에서 신성(神性 · the Divine)과 인성(人性 · the Human)의 합일(合一 · unition)에 관해서 그것 안에 있는 본질(本質)입니다. 이 신조 안에 있는 주님에 관한 상세한 설명은 해당되는 장(章)에서 설명하겠습니다. 이상의 설명에서 명확한 사실은, 영혼과 육체가 하나의 사람인 것과 같이, 주님 안에서 신성과 인성은 둘이 아니고, 한 존재라는 기독교회의 신앙(the faith of the Christian Church)에 일치한다는 것과, 그분 안에서 신성이 인성을 입으셨다는 것 등입니다.

[2] 이상에서 뒤이어지는 것은 신성(神性)은 인성(人性)과 분리될 수 없으며, 또한 인성도 신성에서 분리될 수 없다는 것입니다. 왜냐하면 이것은 영혼이 육체에

서 분리되는 것과 꼭 같기 때문입니다. 주님의 출생에 관하여 두 복음서(즉 누가 1 : 26-35와 마태 1 : 18-25)에서 앞서 인용한 말씀을 읽는 사람은 모두 이것이 사실임을 필히 받아들여야만 하겠습니다. 그 인용한 말씀들에서 명확한 것은, 예수는 여호와 하나님으로 말미암아 잉태되었고, 처녀 마리아에게서 출생하신 것과, 그러므로 신성은 그분 안에 있었고, 그의 영혼이었다는 것 등입니다. 그러므로 그분의 영혼이 바로 아버지의 신성(the very Divine of the Father)이시었기 때문에, 뒤이어지는 것은 그분의 육체, 또는 그분의 인성은 역시 신령하게 되었다는 것입니다. 왜냐하면 거기서 전자가 신성이고, 후자 또한 신성이어야 하기 때문입니다. 이 방법으로, 그리고 다른 방법이 아니고서는, 주님 친히 자신의 말씀으로 가르치신 것과 같이, 아버지(聖父 · the Father)와 아들(聖子 · the Son)은 하나(one)이시고, 아들 안에 아버지께서, 그리고 아버지 안에 아들이 계시며, 또한 아들에 속한 모든 것들은 아버지의 것들이고, 아버지에 속한 모든 것들은 아들의 것이다는 사실입니다.

[3] 그러나 이러한 합일(合一 · unition)이 어떻게 이루어졌는지, 아래의 순서에 따라서 설명하고자 합니다.

ⅰ) 영원부터 주님께서 여호와이시다.

ⅱ) 영원부터 계신 주님, 즉 여호와께서 사람들을 구원하시기 위하여 인성을 입으셨다.

ⅲ) 주님께서는, 그분 안에 계신 신령존재로 말미암아

그분의 인성을 신령하게 완성하셨다.

iv) 그분은 자신 안에 허용하신 시험을 방편으로 인성을 신령하게 완성하셨다.

v) 그분 안에서 신성과 인성의 완전한 합일(合一)은, 마지막 시험을 가리키는 십자가의 고난에 의하여 성취되었다.

vi) 그분은 계속적인 관계로 어머니에게서 취하신 인성을 벗으시고, 그분 안에 계신 신성으로 말미암아 하나의 인간(a Human)을 입으셨는데, 이것이 바로 신령인성(神靈人性 · the Divine Human)이시고, 또한 하나님의 아들(the Son of God)이시다.

2) 주님께서는 영원부터 여호와이시다

영원부터 주님께서 여호와이시다는 것은 성경말씀에서 잘 알 수 있습니다. 왜냐하면 주님께서 유대 사람들에게 그렇게 말씀하셨기 때문입니다.

> 예수께서 그들에게 말씀하셨다. "내가 진정으로 진정으로 너희에게 말한다. 아브라함이 있기 전부터 내가 있었다."
> (요한 8 : 58)

그리고 주님께서 다른 곳에서 말씀하셨습니다.

> 아버지, 창세 전에 내가 아버지와 함께 누리던 그

영광으로, 나를 아버지 앞에서 영광되게 하여 주십시오.
(요한 17 : 5)

이 말씀은 영원 전부터 주님이시지, 영원 전부터 한 아들(a Son)이 아니다는 뜻입니다. 왜냐하면 "아들"(the Son)은, 위에서 설명한 것과 같이, 여호와 아버지로 말미암아 잉태되었고, 처녀 마리아에게서, 시간 안에 출생한 그분의 인성(His Human)이시기 때문입니다.
 [2] 영원 전부터 주님이 여호와 그분 자신이시다는 것은 성경말씀의 수많은 장절에서 아주 명백합니다. 그 귀절의 몇몇을 지금 인용하겠습니다. 이사야서입니다.

그 날이 오면,
사람들은 이런 말을 할 것이다.
바로 이분이 우리의 하나님이시다.
우리가 하나님을 의지하였으니,
하나님께서 우리를 구원하신다.
바로 이분이 주님이시다.
우리가 주님을 의지한다.
우리를 구원하여 주셨으니,
기뻐하며 즐거워하자.
(이사야 25 : 9)

이 말씀에서 명확한 것은 주님이 여호와 하나님 자신을 기다린다는 사실입니다.

>한 소리가 외친다.
>"광야에 주께서 오실 길을 닦아라.
>사막에 우리의 하나님께서 오실 큰길을
>곧게 내어라.
>주의 영광이 나타날 것이니,
>모든 사람이 그것을 함께 볼 것이다.
>이것은 주께서 친히 약속하신 것이다."
>만군의 주 하나님께서 오신다.
>그가 권세를 잡고 친히 다스릴 것이다.
>(이사야 40 : 3, 5, 10 ; 마태 3 : 3 ; 마가 1 : 3 ; 누가 3 : 4)

여기서도 역시 주님께서 장차 오실 여호와로 불리웠습니다.

[3] 나 주가 의를 이루려고 너를 불렀다.
>내가 너의 손을 붙들어 주고,
>너를 지켜 주어서,
>너를 백성의 언약과 이방의 빛이
>되게 할 것이니,
>네가 눈먼 사람의 눈을 뜨게 하고,
>감옥에 갇힌 사람을 이끌어 내고,
>어두운 영창에 갇힌 이를 풀어 줄 것이다.

나는 주다. 이것이 나의 이름이다.
나는, 내가 받을 영광을
절대로 다른 사람에게 넘겨 주지 않고,
내가 받을 찬양을
절대로 우상들에게 양보하지 않겠다.
(이사야 42 : 6-8)

"백성의 언약"과 "이방의 빛"은 인성(人性)에 관하여 주님이시고, 이분이 여호와로 말미암아 존재하시고, 또 여호와와 한 분(one)이 되셨기 때문에 "나는 주다. 이것이 나의 이름이다. 나는, 내가 받을 영광을 절대로 다른 사람에게 넘겨 주지 않는다"고 언급하였는데, 즉 그분 자신 이외의 다른 누구에게 넘겨주지 않는다고 언급하였습니다. 영광을 넘겨준다는 것은 영화하는 것, 또는 그분에게 합일(合一 · unite)하시는 것을 뜻합니다.

[4] 너희가 오랫동안 기다린 주가,
문득 자기의 궁궐에 이를 것이다.
(말라기 3 : 1)

이 말씀에서 "궁궐"(殿)은 그분 자신의 몸이 되신 성전 (요한 2 : 19, 21)을 뜻합니다.

그분은 해를 하늘 높이 뜨게 하셔서,
어둠 속과 죽음의 그늘 아래에 사는 사람들에게

빛을 비추게 하시고…….
(누가 1 : 78, 79)

"하늘 높이 뜬 해"(the day-spring from on hight)는 여호와 즉 영원 전부터 계신 주님을 가리킵니다. 이상에서 볼 때 명확한 것은, 영원 전부터 계신 주님, 성경말씀에서는 여호와이신, 그분의 신령(a Quo)*17)을 뜻합니다. 그러나 인용된 아래의 구절들에서 보면, 그분의 인성이 영화되신 뒤의, 주님(the Lord) 또는 여호와는 하나 되신 신성과 인성을 뜻하며, 그러나 아들(the Son) 홀로는 신령인성(神靈人性 · the Divine Human)을 뜻한다는 것을 잘 알 수 있을 것입니다.

3) 여호와께서 인성(人性 · the Human)을 입으셨다

영원부터 계신 주님, 즉 여호와께서 사람들을 구원하기 위하여 인성(人性 · the Human)을 입으셨다는 것은 앞서의 내용들에서 확증하였습니다. 그리고 그 어떤 다른 방법으로는 사람이 구원 받을 수 없다는 사실은 다른 곳에서 설명 드리겠습니다. 그분께서 한 인간(a Human)을 입으셨다는 것은, 그분이 아버지로부터 오셨으며, 천계로부터 하감(下瞰)하셨고, 이 세상에 보내지셨다고 언급된 성경말씀에 있는 여러 장절들에서 명확합

---

*17) 문학적으로는 무엇이 비롯된 신령존재 즉 근원(根源)을 가리키는 신령존재를 뜻한다. (역자 주)

니다. 그것은 이들 말씀에서 이뤘습니다. 즉—.

나는 아버지에게서 떠나서 세상에 왔다.
(요한 16 : 28)
예수께서 대답하셨다. "내가 하나님께로부터 나서 세상에 왔다. 내가 내 마음대로 온 것이 아니라, 아버지께서 나를 보내신 것이다."
(요한 8 : 42)
아버지께서는 친히 너희를 사랑하신다. 너희가 나를 사랑하였고, 또 내가 하나님께로부터 왔음을 믿었기 때문이다.
(요한 16 : 27)
하늘에서 내려온 이, 곧 인자 밖에는 하늘로 올라간 이가 없다.
(요한 3 : 13)
하나님의 빵은 하늘로부터 내려오는 것인데, 그것은 세상에 생명을 준다.
(요한 6 : 33, 35, 41, 50, 51)
위에서 오시는 이는 모든 것 위에 계신다. 땅에서 난 사람은 땅에 속하여서, 땅의 것을 말한다. 하늘에서 오시는 이는 모든 것 위에 계신다.
(요한 3 : 31)
나는 그분을 안다. 나는 그분에게서 왔고, 그분은 나를 보내셨기 때문이다.
(요한 7 : 29)

"아버지께서 이 세상에 보내셨다"는 말씀이 하나의 인간(a Human)을 입으셨다는 것을 뜻한다는 내용은 83쪽의 설명을 참조하십시오.

4) 주님께서는 인성(人性)을 신령하게 완성하셨다

주님께서는 그분 안에 계신 신성존재로 말미암아 그분의 인성을 신령하게 완성하셨다는 것은, 성경말씀의 여러 장절들에서 명확한데, 여기에 인용되는 말씀들은 그것을 잘 확증해 줍니다.

1). 이 일이 계속적인 단계로 이루어졌다는 것에 관하여.

아기는 자라며 튼튼해지고, 지혜로 가득찼고, 하나님의 은총을 받고 있었다.
(누가 2 : 40)
예수는 지혜와 키가 자라며, 하나님과 사람에게 더욱 사랑을 받았다.
(누가 2 : 52)

[2] 2). 영혼이 육체를 통해서 활동하듯이, 신성이 인성을 통해서 활동하신다는 것에 관하여.

아들은 아버지께서 하시는 것을 보는 대로 따라 할 뿐이요, 아무것이나 마음대로 할 수 없다. 아버지께서 하시는 일은 무엇이든지, 아들도 그대로 한다.

(요한 5 : 19)
너희는, 인자를 들어올린 후에야, 내가 그라는 것과, 또 내가 아무것도 내 마음대로 하지 않고 아버지께서 나에게 가르쳐 주신 대로 말했다는 것을, 알게 될 것이다. 나를 보내신 분이 나와 함께 계시고, 나를 혼자 버려두지 않으신다.
(요한 8 : 28, 29 ; 5 : 30)
나는 내 마음대로 말한 것이 아니다. 나를 보내신 아버지께서 내가 무엇을 말해야 하고 또 무엇을 이야기해야 하는가를, 친히 나에게 명령해 주셨다.
(요한 12 : 49)
내가 너희에게 하는 말은 내 마음대로 하는 것이 아니다. 아버지께서 내 안에 계시면서, 자기의 일을 하신다.
(요한 14 : 10)
아버지께서 나와 함께 계시니, 나는 혼자 있는 것이 아니다.
(요한 16 : 32)

[3] 3). 신성과 인성은 만장일치(滿場一致)로 활동하신다는 것에 관하여.

아버지께서 하시는 일은 무엇이든지, 아들도 그대로 한다.
(요한 5 : 19)
아버지께서 죽은 사람들을 일으켜 살리시니, 아들도

자기가 원하는 사람들을 살린다.
(요한 5 : 21)
아버지께서 자기 안에 생명이 있는 것처럼, 아들에게도 생명을 주셔서, 그 안에 생명이 있게 하여 주셨기 때문이다.
(요한 5 : 26)
그들은, 아버지께서 내게 주신 모든 것이 아버지께로부터 온 것임을 알고 있습니다.
(요한 17 : 7)

[4] 4). 신성이 인성에 합일(合一)하셨고, 인성이 신성에 합일하셨다는 것에 관하여.

"너희가 나를 알았더라면, 내 아버지도 알았을 것이다. 이제 너희는 내 아버지를 알고 있으며, 그분을 이미 보았다." 빌립이 예수께 말하였다. "주님, 우리에게 아버지를 보여 주십시오. 그러면 좋겠습니다." 예수께서 대답하셨다. "빌립아, 내가 이렇게 오랫동안 너희와 함께 지냈는데도, 너는 나를 알지 못하느냐? 나를 본 사람은 아버지를 본 사람이다. 그런데 네가 어떻게 '우리에게 아버지를 보여 주십시오' 한다는 말이냐? 내가 아버지 안에 있고, 아버지께서 내 안에 계심을, 네가 믿지 않느냐? 내가 너희에게 하는 말은 내 마음대로 하는 것이 아니다. 내가 아버지 안에 있고, 아버지께서 내 안에 계심을 믿어라."

(요한 14 : 7-11)
내가 내 아버지의 일을 하지 않거든, 나를 믿지 말아라. 그러나 내가 그 일을 하거든, 나를 믿지는 않더라도 그 일은 믿어라. 그러면 너희는, 아버지께서 내 안에 계시고, 또 내가 아버지 안에 있다는 것을, 깨달아 알게 될 것이다.
(요한 10 : 37, 38)
아버지, 아버지께서 내 안에 계시고, 내가 아버지 안에 있는 것과 같이, 그들도 하나가 되어서 우리 안에 있게 하여 주십시오.
(요한 17 : 21)
그 날에 너희는, 내가 내 아버지 안에 있고, 너희가 내 안에 있고, 또 내가 너희 안에 있음을 알게 될 것이다.
(요한 14 : 20)
아무도 아버지의 손에서 내 양들을 빼앗을 수 없다. 나와 아버지는 하나다.
(요한 10 : 29, 30)
아버지는 아들을 사랑하여, 모든 것을 아들의 손에 맡기셨다.
(요한 3 : 35)
아버지께서 가지신 것은 다 내 것이다.
(요한 16 : 15)
나의 것은 모두 아버지의 것이고, 아버지의 것은 모두 나의 것이다.
(요한 17 : 10)

아버지께서는 …… 모든 사람을 다스리는 권세를 아들에게 주셨습니다.
(요한 17 : 2)
예수께서 다가와서, 그들에게 말씀하셨다. "나는 하늘과 땅의 모든 권세를 받았다."
(마태 28 : 18)

[5] 5). 가까이 할 수 있는 것이 신령인성이시다는 것은 아래의 귀절들에서 명백합니다.

모든 사람이 아버지를 공경하듯이, 아들도 공경하게 하려는 것이다.
(요한 5 : 23)
너희가 나를 알았더라면, 나의 아버지도 알았을 것이다.
(요한 8 : 19)
나를 보는 사람은 나를 보내신 분을 보는 것이다.
(요한 12 : 45)
너희가 나를 알았더라면, 내 아버지를 알았을 것이다. 이제 너희는 내 아버지를 알고 있으며, 그분을 이미 보았다.
(요한 14 : 7)
나를 영접하는 사람은 나를 보내신 분을 영접하는 사람이다.
(요한 13 : 20)

이와 같은 이유는, "아버지"로 불리우는 신령존재(神靈存在) 자체는 그 누구도 볼 수 없지만, 그러나 신령인성은 누구에게나 보이시기 때문입니다. 왜냐하면 주님께서 이렇게 말씀하셨습니다.

> 일찍이 하나님을 본 사람이 없으나, 아버지의 품 속에 계시는 독생자이신 하나님이 그분을 나타내 보이셨다.
> (요한 1 : 18)
> 하나님께로부터 온 사람 외에는 아무도 아버지를 본 사람이 없다는 뜻이다. 하나님께로부터 온 사람만이 아버지를 보았다.
> (요한 6 : 46)
> 너희는 그의 음성을 들은 일도 없고, 그의 모습을 본 일도 없다.
> (요한 5 : 37)

[6] 6). 주님께서는 자신 안에 계신 신성존재로 자신의 인성을 신령하게 완성하셨기 때문에, 인성이 가까이 할 수 있는 존재이시기 때문에, 그리고 또 주님께서 하나님의 아들이시기 때문에, 우리는 주님께서 하나님이시고, 또 아들이신 주님을 믿는 믿음을 반드시 가져야만 합니다. 이와 같은 내용은 아래의 구절들에서 명백합니다.

그를 맞아들인 사람들, 곧 그 이름을 믿는 사람들에게는, 하나님의 자녀가 되는 특권을 주셨다.
(요한 1 : 12)
그것은 그를 믿는 사람마다 영원한 생명을 얻게 하려고 하는 것이다.
(요한 3 : 15)
하나님이 세상을 이처럼 사랑하셔서 독생자를 주셨으니, 누구든지 그를 믿으면 멸망하지 않고 영생을 얻을 것이다.
(요한 3 : 16)
아들을 믿는 사람은 심판을 받지 않는다. 그러나 믿지 않는 사람은 이미 심판을 받았다. 그것은 하나님의 독생자의 이름을 믿지 않았기 때문이다.
(요한 3 : 18)
아들을 믿는 사람에게는 영원한 생명이 있다. 아들에게 순종하지 않는 사람은 생명을 얻지 못한다. 그는 도리어 하나님의 분노를 산다.
(요한 3 : 36)
"하나님의 빵은 하늘로부터 내려오는 것인데, 그것은 세상에 생명을 준다." 예수께서 그들에게 말씀하셨다. "나는 생명의 빵이다. 내게로 오는 사람은 결코 주리지 않을 것이요, 나를 믿는 사람은 다시는 목마르지 않을 것이다."
(요한 6 : 33, 35)
아들을 보고 그를 믿는 사람이면 누구나 영원한 생명을 얻게 하시는 것이 내 아버지의 뜻이다. 나는 마지막 날에 그들을 다시 살릴 것이다.
(요한 6 : 40)
그들이 예수께 물었다. "우리가 무엇을 하여야 하나님의 일을 하는 것이 됩니까?" 예수께서 그들에게 대답하셨다. "하나님께서 보내신 이를 믿는 것이 곧 하나님의 일이다."
(요한 6 : 28, 29)
내가 진정으로 진정으로 너희에게 말한다. 나를 믿는 사람에게는 영생이 있다.
(요한 6 : 47)
예수께서 일어서서, 큰소리로 말씀하셨다. "목마른 사람은 다 내게로 와서 마셔라. 나를 믿는 사람은, 성경에 이른 것과 같이, 그의 배에서 생수가 강처럼 흘러 나올 것이다."
(요한 7 : 37, 38)
내가 그이라는 것을 너희가 믿지 않으면, 너희는 너희의 죄 가운데서 죽을 것이다.
(요한 8 : 24)
예수께서 마르다에게 말씀하셨다. "나는 부활이요, 생명이니, 나를 믿는 사람은 죽어도 살고, 살아서 나를 믿는 사람은 영원히 죽지 않을 것이다. 네가 이것을 믿느냐?"
(요한 11 : 25, 26)
나는 빛으로 세상에 왔다. 그것은 나를 믿는 사람이면, 누구든지 어둠 속에 머무르지 않게 하려는 것이다.

(요한 12 : 46 ; 8 : 12)
너희는 빛이 있는 동안에 그 빛을 믿어서, 빛의 자녀가 되어라.
(요한 12 : 36)
내가 진정으로 진정으로 너희에게 말한다. 죽은 사람들이 하나님의 아들의 음성을 들을 때가 온다. 지금이 바로 그 때이다. 그리고 그 음성을 듣는 사람은 살 것이다.
(요한 5 : 25)
언제나 내 안에 머물러 있어라. 그러면 나도 너희 안에 머물러 있겠다.…… 나는 포도나무요, 너희는 가지다. 사람이 내 안에 머물러 있고, 내가 그 사람 안에 머물러 있으면, 그는 많은 열매를 맺는다. 너희는 나를 떠나서는 아무것도 할 수 없다.
(요한 15 : 4, 5)
그 날에 너희는, 내가 내 아버지 안에 있고, 너희가 내 안에 있고, 또 내가 너희 안에 있음을 알게 될 것이다.
(요한 14 : 20 ; 17 : 23)
내가 곧 길이요 진리요 생명이다. 나로 말미암지 않고서는, 아무도 아버지께로 올 사람이 없다.
(요한 14 : 6)

[7] "아버지"(the Father)가 거명된 이 장절이나 또는 다른 장절에서 "아버지"는, 잉태의 원인이 되신, 그리고 전기독교의 믿음의 교리에 일치하는, 마치 사람에게 육

체 안에 영혼이 있는 것과 같이, 주님 안에 있는 신령 존재(神靈存在 · 神性 · the Divine)를 뜻합니다. 이 신령 존재에서 비롯된 인성 자체가 하나님의 아들(the Son of God)입니다. 따라서 지금 이 인성이 신령하게 되었으므로, 따라서 사람이 오직 아버지에게만 가까이 가는 것을 막기 위하여, 그리고 그렇게 하는 것으로써 사상과 믿음 안에서, 그리고 그것에서 비롯된 예배 안에서, 아버지께서 그 안에 계신 주님에게서부터 아버지를 분리시키지 않게 하기 위하여, 그런 뒤에 주님께서는, 주님과 아버지가 하나(one)이시다는 것과, 아버지께서 주님 안에, 주님께서 아버지 안에 계신다는 것과, 모든 사람이 주님 안에서 살아야 한다는 것과, 주님에 의하지 않고서는 어느 누구도 아버지에게 올 수 없다는 것 등을 가르치셨습니다. 주님께서는, 또한 우리가 주님을 필히 믿어야 한다는 것과, 사람은 주님에게 곧바로 나아가는 믿음에 의하여 구원받는다는 것도 가르치셨습니다.

[8] 기독교 국가의 많은 사람들이 주님 안에 있는 인성이 신령하게 완성되었다는 사실에 관하여 전혀 어떤 개념도 가질 수 없는데, 그 주된 이유는, 그들이 사람에 관해서 물질적인 육신으로 생각하고, 영적인 몸에서 비롯된 사람에 관해서는 전혀 생각하지 못하기 때문입니다. 그럼에도 불구하고, 영적 존재인 모든 천사들은 완전한 형태(in a complete form)로 역시 사람들입니다. 그

리고 더욱이 여호와 하나님에게서 발출(發出)된 모든 신령적인 것(the whole Divine)은 천계에 있는 제일 원칙에서부터 이 세상에 있는 그것의 궁극적인 것에 이르기까지 인간 형태(人間形態 · the human form)가 되려는 경향성(傾向性 · tendency)*18)을 지니고 있습니다.

5) 주님께서는 자신에게 시험들을 허용하셨고, 그것들을 정복하셨다

주님께서는 자신에게 허용하신 시험에 의하여, 그리고 그것들 안에 있는 계속적인 승리에 의하여, 그의 인성을 신령스럽게 완성하셨다는 것은 본서(≪사대교리≫) 12항-14항에서 이미 설명하였지만, 여기에 이 사실을 부연하고자 합니다. 즉 시험들은 악이나 거짓에 대한 투쟁 이상의 아무것도 아닙니다. 악과 거짓이 지옥에서 비롯되었기 때문에, 시험들은 지옥에 대한 투쟁일 뿐입니다. 더욱이 영적인 시험을 겪고 있는 사람들에게는, 온갖 시험을 야기시키는, 지옥에서 비롯된 악령들만이 현존합니다. 그 사람은 그 악령들이 온갖 시험을 야기시킨다는 것을 알지 못합니다. 그럼에도 불구하고

---

*18) 천사들이 인간적인 형체(human form)이고, 모든 신령한 것이 인간적인 형체의 경향성을 가지고 있다는 것은 ≪천계와 지옥≫(Heaven and Hell) 73-77 · 453-460항을 참조하시고, 이 책에 이어지는 내용에서도 충분하게 설명될 것이며, 그 내용은 주님에 관한 천사적 지혜로부터 잘 알 수 있겠다. (역자 주)

그것들이 그런 짓을 한다는 것이 수많은 경험들을 통하여 알게 하기 위하여 나에게 많은 경험들이 주어졌습니다.

[2] 이것이 바로 주님께서 시험에서 승리하셨을 때 주님으로 말미암아 사람이 지옥에서 구출(救出)되어 천계로 올려지는 이유입니다. 그리고 다시, 이것은, 시험에 의하여, 즉 악들과의 투쟁에 의하여 사람이 영적 존재가 되고, 따라서 천사가 되는 이유입니다. 어쨌든 주님께서는 자기 자신의 능력으로 모든 지옥을 대항하여 싸우셨고, 그리고 그것들을 완전히 정복시키고, 굴복시키셨습니다. 주님께서는 그 때 동시에 그의 인성을 영화하셨고, 주님께서는 그것들을 영원히 장악(掌握)하셨습니다.

[3] 왜냐하면 주님께서 이 세상에 강림하시기 전, 지옥은, 천계의 천사들까지, 그리고 이 세상에 왔다가 떠나간 모든 사람들을 괴롭힐 정도까지 기고만장(氣高萬丈)하리 만큼 창궐(猖獗)하였습니다. 지옥이 그와 같이 기고만장하게 창궐한 원인은 교회의 상태가 완전히 황폐화(荒廢化)가 되었기 때문입니다. 결과적으로 우상 숭배가 만연(漫延)하였는데, 이것이, 이 세상 사람들이 완전한 거짓과 악 안에 빠져 있는 원인이 되었습니다. 그리고 지옥들은 사람으로 말미암아 존재하게 되었습니다. 그러므로 주님께서 이 세상에 오시지 않았다면 구원받을 수 있는 사람은 아무도 없다는 것입니다.

[4] 주님의 이와 같은 투쟁에 관하여 시편서나 예언서는 수도 없이 언급하고 있지만, 복음서는 별로 언급하고 있지 않습니다. 이것이 바로 주님께서 참고 겪으신 시험들이 뜻하는 내용이고, 시험의 마지막인 십자가의 고난이 뜻하는 내용입니다. 이런 이유들 때문에 주님을 구원주(救援主 · the Saviour)나 속량주(贖良主 · the Redeemer)라고 부릅니다. 이러한 내용은 주님께서 죽음이나 악마 또는 지옥을 정복하셨다는 것과, 주님께서는 승리하셔서 다시 사셨다는 것과, 그리고 또한 주님이 없으면, 구원이 없다고 말하는 그들을 인도할 만큼 교회 안에는 잘 알려진 내용입니다. 또한 주님께서 그의 인성을 영화하셨고, 그것에 의하여 주님께서는 영원히 구원주 · 속량주 · 중생주(重生主 · the Regenerator)가 되셨다는 것은 아래에서 잘 알 수 있을 것입니다.

[5] 이런 투쟁 즉 시험들에 의하여 주님께서는 우리의 구원주가 되셨다는 것은 앞서 ≪사대교리≫ 12-14항에서 인용한 구절의 말씀이나, 이사야서의 말씀에서 아주 명백합니다. 특히 이사야서 63장은 이와 같은 주님의 투쟁에 관해서 언급하고 있습니다.

   복수의 날이 다가왔고,
   구원의 해가 이르렀다는 생각이 들었으나,
   내가 분노하여 민족들을 짓밟았으며,
   내가 진노하여
   그들이 취하여 비틀거리게 하였고,

그들의 피가 땅에 쏟아지게 하였다.
그들의 구원자가 되어 주셨습니다.
(이사야 63 : 4, 6, 8)

시편서의 말씀입니다.

문들아, 너희 머리를 들어라.
영원한 문들아, 활짝 열려라.
영광의 왕께서 들어가신다.
영광의 왕이 뉘시냐?
힘이 세고 용맹하신 주님이시다.
전쟁의 용사이신 주님이시다.
(시편 24 : 7, 8)

이 말씀들은 주님에 관하여 언급하고 있습니다.

6) 주님께서는 십자가에 의하여 신성(神性)과 인성(人性)을 합일(合一)하셨다

주님 안에서 신성과 인성의 완전한 합일(合一)은, 마지막 시험을 가리키는 십자가의 고난에 의하여 이루어졌다는 것은, 앞서의 관계되는 설명 내용들에서 입증하였습니다. 거기서 설명된 내용은, 주님께서는 지옥을 정복하시고, 그의 인성을 영화하시기 위하여 이 세상에 강림하셨다는 것과, 십자가의 고난은 시험의 마지막 투쟁이며, 이 투쟁에 의하여 주님께서는 완전히 지옥을 정복하셨고, 그리고 또 완전히 그의 인성을 영화하셨다는 것 등이었습니다. (즉 인성을 그의 신성에 결합하시는 것, 따라서 그의 인성을 신령하게 완성하셨습니다.) 여기서 뒤이어지는 것은, 주님께서는 신성과 인성의 측면에서 여호와이시고, 하나님이시다는 사실입니다. 그러므로 성경 여러 구절에서 주님께서 여호와 · 하나님, 그리고 이스라엘의 거룩하신 분 · 속량주 · 구원주 · 창조주라고 불리웠습니다.

[2] 이러한 내용은 아래와 같습니다.

마리아가 노래하였다.
"내 마음이 주님을 찬양하며
내 영혼이
내 구주 하나님을 높입니다."
(누가 1 : 46, 47)
천사가 그들에게 말하였다. "두려워하지 말아라. 나는 온 백성에게 큰 기쁨이 될 소식을 너희에게 전해 준다. 오늘 다윗의 동네에서 구주가 너희에게 나셨으니, 그는 곧 그리스도 주님이시다."
(누가 2 : 10, 11)
그들은 그 여자에게 말하였다. "우리가 믿는 것은, 이제 그대의 말 때문만은 아니오. 우리가 그 말씀을 직접 들어 보고, 이분이 참으로 세상의 구주이심을 알았기 때문이오."
(요한 4 : 42)
주께서 말씀하시기를

"내가 너를 돕겠다.
나 이스라엘의 거룩한 하나님이
너를 속량한다"고 하셨다.
(이사야 41 : 14)
이제 야곱아,
너를 창조하신 주께서 말씀하신다.
이스라엘아,
너를 지으신 주께서 말씀하신다.
"내가 너를 속량하였으니,……
나는 주, 너의 하나님이다.
이스라엘의 거룩한 하나님이다."
(이사야 43 : 1, 3)
너희들의 속량자요,
이스라엘의 '거룩하신 분'이신 주께서
이렇게 말씀하신다.
"나는 주, 너희의 거룩한 하나님이며,
이스라엘의 창조자요, 너희의 왕이다."
(이사야 43 : 14, 15)
이스라엘의 거룩하신 하나님,
곧 이스라엘을 지으신 주께서 말씀하신다.
(이사야 45 : 11)
주, 너의 속량자,
이스라엘의 거룩하신 분께서 이르시기를…….
(이사야 48 : 17)
나 주가 네 구원자요,
네 속량자요,

야곱의 전능자임을 알게 될 것이다.
(이사야 49 : 26)
주께서 시온에 속량자로 오시고…….
(이사야 59 : 20)
너는 나 주가 너의 구원자이며,
너의 속량자요,
야곱의 전능자임을 알게 될 것이다.
(이사야 60 : 16)
내가 태어나기도 전부터
주께서는 나를 그의 종으로 삼으셨다.
(이사야 49 : 5)
나의 반석이시오 구원자이신 주님.
(시편 19 : 14)
그들은,
하나님이 그들의 반석이심과,
가장 높으신 하나님이 그들의 구원자이심을
기억하였다.
(시편 78 : 35)
우리의 속량자는
그 이름이 만군의 주님,
이스라엘의 거룩하신 하나님이시다.
(이사야 47 : 4)
나의 영원한 사랑으로
너에게 긍휼을 베풀겠다.
너의 속량자인 나 주의 말이다.
(이사야 54 : 8)

그들의 구원자는 강하니,
그 이름은 '만군의 주'다.
(예레미야 50 : 34)
이스라엘아,
주님만을 의지하여라.
주님께만 인자하심이 있고
속량하시는 큰 능력은 그에게만 있다.
오직, 주님만이 이스라엘을
모든 죄에서 속량하신다.
(시편 130 : 7, 8)
주님은,
나의 반석, 나의 요새, 나를 건지시는 분,
나의 하나님은
나의 반석, 내가 피할 바위,
나의 방패, 나의 구원의 뿔,
나의 산성, 나의 피난처,
나의 구원자이십니다.
(사무엘 하 22 : 2, 3)
이스라엘의 속량자, 거룩하신 주께서,
말씀하신다.
"왕들이 너를 보고 일어나서
예를 갖출 것이며,
대신들이 또한 부복할 것이니,
이는 너를 택한 이스라엘의 거룩한 하나님,
신실한 나 주 하나님 때문이다."
(이사야 49 : 7)

"과연 하나님께서 당신과 함께 계십니다.
그 밖에 다른 이가 없습니다.
다른 신은 없습니다" 할 것이다.
구세주, 이스라엘의 하나님,
진실로 주께서는
자신을 숨기시는 하나님이십니다.
(이사야 45 : 14, 15)
이스라엘의 왕이신 주,
이스라엘의 속량자이신
만군의 주께서 말씀하신다.
"나는 시작이요, 마감이다.
나 밖에 다른 신은 없다."
(이사야 44 : 6)
나, 곧 내가 주이니,
나 말고는 어떤 구원자도 없다.
(이사야 43 : 11)
나는,
주 너희의 하나님이다.
그 때에 너희가 아는 하나님은
나 밖에 없고,
나 말고는 다른 구원자가 없었다.
(호세아 13 : 4)
"나 주가 아니고 누구냐?
나 밖에 다른 신은 없다.
나는 공의와 구원을 베푸는 하나님이니,
나 밖에 다른 신은 없다."

"내가 하나님이며,
나 밖에 다른 신은 없기 때문이다."
(이사야 45 : 21, 22)
그분의 이름은 만군의 주님이시다.
너를 구속하신 분은
이스라엘의 거룩하신 하나님이시다.
그분은 온 세상의 하나님으로 불릴 것이다.
(이사야 54 : 5)

[3] 이들 말씀들에서 볼 때 명확히 알 수 있는 것은, "아버지"(the Father)라 불리우는 주님의 신성[여기서는 "여호와" 또는 "하나님"이라고 하였다]과 그리고 "아들"(the Son)이라고 불리우는 신령인성(神靈人性 · the Divine Human)[여기서는 개혁주(改革主 · the Reformer)나 중생주(重生主 · the Regenerator)를 뜻하는 속량주(贖良主) · 구원주(救援主) · 창조주(創造主 · the Former)라고 하였다]이 둘이 아니고, 한 분(one)이시다는 것입니다. 왜냐하면 여호와 · 하나님 · 이스라엘의 거룩한 분 · 속량자 · 구원자에 관하여 언급되었을 뿐만 아니라, "여호와 · 속량자 · 구원자"라는 표현이 사용되었었으며, 심지어, "나는 여호와 구원자이시며, 나 밖에는 다른 신은 없다"고 표현하였기 때문입니다. 이상에서 명백한 것은, 주님 안에서 신성과 인성은 한 분 인격(one Person)이다는 것과, 그 인성은 신령하다는 것 등입니다. 왜냐하면 이 세상의 속량주나 구원주는 신령인성(神靈人性)에

관한한 주님 이외의 다른 신은 없기 때문인데, 이분이 바로 아들(the Son)이라고 호칭되는 분입니다. 더욱이 구속(救贖 · 贖良 · redemption)이나 구원(救援)은 그분의 인성에 속한 고유속성인데, 이를 가리켜 공로(功勞 · merit) 또는 의(義 · righteousness)라고 부릅니다. 왜냐하면 그것이 시험들이나 십자가의 고난을 참고 승리하신 그의 인성이기 때문입니다. 그러므로 그의 인성이 뜻하는 것은 주님께서 구속과 구원을 성취하셨다는 것입니다.

[4] 그러므로, 사람 안에서 영혼과 육체의 결합과 같이, 주님 안에서 신성과 인성의 합일(合一) 뒤에는, 그 두 존재 즉 인성과 신성은, 두 인격이 아니라, 기독교계의 교리에 일치하는 한 분 인격입니다. 이에 뒤이어지는 것은 주님께서는 신성과 인성의 측면에서 여호와이시고, 하나님이시다는 사실입니다. 따라서 이것이, 한 편에서는 여호와 그리고 이스라엘의 거룩한 분이 구속자요, 구원자라고 불리우고, 다른 한편에서는 구속자나 구원자가 여호와라고 불리우는 이유입니다. 이러한 사실은 인용된 여러 장절의 말씀에서 잘 알 수 있습니다. 따라서 이렇게 언급되었습니다.

그는 곧 그리스도 주님이시다.
(누가 2 : 11 ; 요한 4 : 42)
구세주, 이스라엘의 하나님.

(누가 1 : 47 ; 이사야 45 : 15 ; 54 : 5 ; 시편 78 : 35)
여호와 이스라엘의 거룩한 분, 구원자, 속량자.
(이사야 41 : 14 ; 43 : 3, 11 14, 15 ; 48 : 7 ; 49 : 7 ; 54 : 5)
여호와, 구원자, 속량자, 창조자.
(이사야 44 : 6 ; 47 : 4 ; 49 : 26 ; 54 : 8 ; 63 : 16 ; 50 : 34 ; 시편 19 : 14 ; 130 : 7, 8 ; 사무엘 하 12 : 2. 3)
여호와 하나님, 속량자, 구원자, 나 이외에 다른 신은 없다.
(이사야 43 : 11 ; 44 : 6 ; 45 : 14, 15, 21, 22 ; 호세아 13 : 4)

7) 하나님의 아들(聖子)의 뜻

계속적인 과정을 통하여, 주님께서는 어머니에게서 비롯된 모계적 인간을 벗으시고, 그분 안에 계신 신성으로부터 한 인간(a human)을 입으셨는데, 이분이 바로 신령인성(神靈人性 · 神靈人間 · the Divine Human)이시고, 하나님의 아들입니다.

주님 안에 여호와 아버지로 말미암은 신성(神性 · the Divine)과 처녀 마리아에게서 온 인성(人性 · the human)이 존재했다는 것은 잘 알려져 있습니다. 그러므로 주님께서는 신령본질(神靈本質 · a Divine essence)과 인간성정(人間性情 · a human nature)을 가지신 하나님이셨고, 사람(Man)이셨습니다. 아버지에게서는 신령본질이 비롯되었고, 인간성정은 어머니에게서 비롯되었습니다. 그러므로 신령존재에 관한한 아버지(the Father)와 꼭 같았고, 인간존재에 관한한 아버지보다는 못하였습니다. 또한 잘 알려진 사실은, 어머니에게서 비롯된 인간성정은 신령본질로 변질(變質)될 수 없으며, 또한 신령본질과 뒤섞이지 않는다는 것입니다. 왜냐하면 이것이 바로 아타나시우스 신조(信條)라고 부르는 '믿음의 교리'(the Doctrine of Faith)에서 가르치고 있기 때문입니다. 왜냐하면 인간본성은 신령본질로 변질될 수 없고, 그리고 인간본성은 신령본질과 뒤섞일 수도 없기 때문입니다.

[2] 역시 우리의 교리도 그 신조에 일치합니다. 곧 신성이 인성을 입으셨다는 것입니다. 다시 말하면 영혼과 그 영혼이 육체에 결합한 것과 같이, 인성이 신성 자체에 결합하셨습니다. 그러므로 그 두 존재, 즉 신성과 인성은 두 인격이 아니라, 한 분 인격(one Person)입니다. 여기에서 얻는 결론은, 주님께서는, 본질적으로 다른 사람과 꼭 같은, 어머니에게서 비롯된 인간, 따라서 물질적인 인간(material human)을 벗으시고, 본질적으로 그분의 신성과 꼭 같은 아버지에게서 비롯된 인간(a Human), 따라서 본질적인 인간(substantial Human)을 입으셨습니다. 그러므로 그 인간은 역시 신령하게 되었습니다. 이것이 바로 예언서의 성경말씀에서 주님께서 인성의 측면에서 여호와, 또는 하나님으로 호칭되는 이

유입니다. 그리고 또한 복음서의 성경말씀에서는, 우리가 믿어야만 하고, 또 우리를 구원하여 주실, 주님, 하나님, 메시아 즉 그리스도, 하나님의 아들(the Son of God)이시다고 한 이유입니다.

[3] 출생에서 주님께서는 어머니로부터 한 인간(a human)을 취하셨기 때문에, 그리고 주님께서는 그 인간을 계속적인 과정을 통하여 벗으셨기 때문에, 뒤이어지는 결론은, 주님께서 이 세상에 계시는 동안, 주님은 두 상태(狀態 · two states)를 취하셨는데, 하나는 겸비의 상태(謙卑 狀態 · the state of humiliation), 또는 속을 비우는 상태(emptying out · exinanitio)라 부르고, 다른 하나는 영광화 상태(榮光化 狀態 · the state of glorification), 또는 아버지라고 호칭되는 신령존재와의 합일(合一 · unition)상태라고 합니다. 주님께서는 그 때 겸비의 상태에 계셨고, 그리고 그 정도만큼 주님께서는 어머니에게서 비롯된 인간존재 안에 계셨습니다. 그리고 그 때 영광화의 상태에 계실 때 그 정도만큼 주님은 아버지에게서 비롯된 인간(the Human) 안에 계셨습니다. 주님께서는, 겸비의 상태에서 자신과 다른 한 존재로서 아버지에게 기도하셨습니다. 그러나 영광화의 상태에서는 주님께서는 자기 자신이 하듯이 아버지와 함께 말씀하셨습니다. 후자의 상태에서 주님께서는 아버지께서 주님 안에, 주님께서 아버지 안에 계신다고 말씀하셨고, 그리고 아버지와 주님은 하나(one)이다고 말씀하셨습니

다. 그러나 겸비의 상태에서는 주님께서는 시험을 당하셨고, 십자가를 지셨고, 아버지께서 자신을 버리지 말아 달라고 아버지에게 기도하셨습니다. 왜냐하면 신령존재는 시험을 당하실 수 없으며, 더욱이 십자가를 지실 수 없기 때문입니다. 앞서 설명한 내용에서 볼 때, 지금 확실한 것은, 시험에 의하여, 그리고 그 시험에서의 계속적인 승리에 의하여, 그리고 마지막 시험을 가리키는 십자가의 고난에 의하여 주님께서는 완전히 지옥을 정복하셨고, 또 그의 인성을 완전히 영화하셨다는 것인데, 이러한 내용은 이미 앞에서 설명한 것과 같습니다.

[4] 주님께서 어머니에게서 취한 인간(人間 · 人性 · the human)을 벗으시고, 아버지라고 부르는 그분 안에 계신 신령존재(神靈存在 · 神性 · the Divine)에게서 한 인간(a Human)을 입으셨다는 것은 주님께서 직접 자신의 어머니에게 말씀하실 때마다, 어머니라고 부르지 않고, "여인"(woman)이라고 부른 사실에서 아주 명백합니다. 복음서에서는 세 번 말씀하셨는데, 우리들은, 따라서, 주님께서 그녀를 여인이라고 두 번 부르셨고, 한 번은 자신의 어머니로 그녀를 인정하지 않으신 것을 읽을 수 있습니다. 주님께서 그녀를 여인이라고 부르신 두 번의 경우를 우리는 요한복음서에서 읽습니다.

예수의 어머니가 예수에게 말하기를 "포도주가 떨어

졌다" 하였다. 예수께서 어머니에게 말씀하셨다.
"여자여, 그것이 나에게 무슨 상관이 있습니까? 아
직도 나의 때가 오지 않았습니다."
(요한 2 : 3, 4)
예수께서는 자기 어머니를 보시고, 또 그 곁에 자기
가 사랑하는 제자가 서 있는 것을 보시고, 어머니에
게 "여자여, 이 사람이 어머니의 아들입니다" 하고
말씀하시고, 그 다음에 제자에게는 "자, 이분이 네
어머니시다" 하고 말씀하셨다.
(요한 19 : 26, 27)

또 한 경우는 주님께서 어머니로 그녀를 인정하지 않은
경우입니다. 누가복음서의 말씀입니다.

사람들이 예수에게 "선생님의 어머니와 형제들이 밖
에 서서, 선생님을 만나고 싶어 합니다" 하고 전하
였다. ……예수께서 그들에게 말씀하셨다. "하나님
의 말씀을 듣고 행하는 이 사람들이 나의 어머니요,
나의 형제다."
(누가 8 : 20, 21 ; 마태 12 : 46-49 ; 마가 3 : 31-35)

성경의 다른 곳에서 마리아가 그분의 "어머니"로 호칭
되었지만, 그러나 주님의 입으로 호칭되지는 않았습니
다.
[5] 이와 꼭 같은 추론(推論)은, 주님께서 다윗의 자손
인 것을 주님이 용납하시지 않은 사실에 의하여 확증됩

니다. 왜냐하면 우리는 복음서에서 이렇게 읽기 때문입니다. 복음서의 말씀입니다.

바리새파 사람들이 모였을 때에, 예수께서 그들에게 물으셨다. "너희는 그리스도를 어떻게 생각하느냐? 그는 누구의 자손이냐?" 그들이 예수께 말하기를 "다윗의 자손입니다" 하였다. 예수께서 그들에게 말씀하셨다. "그러면 다윗이 성령의 감동을 받아, 그리스도를 주라고 부르면서 말하기를
　　'주께서 내 주께 말씀하셨다.
　　　「내가 네 원수를 네 발 아래에 굴복시킬 때까지,
　　　너는 내 오른쪽에 앉아 있어라」'
하였으니, 이것이 어찌된 일이냐? 다윗이 그를 주라고 불렀는데, 어떻게 그가 다윗의 자손이 되겠느냐?" 그러자 아무도 예수께 한마디도 대답하지 못했으며, 그 날부터는 그에게 감히 묻는 사람도 없었다.
(마태 22 : 41-46 ; 마가 12 : 35-37 ; 누가 20 : 41-44 ; 시편 110 : 1)

이상의 설명 내용에서 볼 때, 명백한 사실은 영화되신 인성(the glorified Human)의 측면에서 주님께서는 마리아의 아들도 아니고, 다윗의 자손도 아닙니다.
[6] 영화되신 그의 인성에 관해서 주님께서는, 베드로 · 야고보 · 요한의 안전에서 변화하셨을 때, 밝히 드러내

보여 주셨습니다.

> 그의 얼굴은 해와 같이 빛나고, 옷은 빛과 같이 희게 되었다. ……그리고 구름 속에서 "이는 내 사랑하는 아들이다. 내가 그를 좋아한다. 너희는 그의 말을 들어라" 하는 소리가 들려왔다.
> (마태 17 : 1-8 ; 마가 9 : 2-8 ; 누가 9 : 28-36)
> (주님께서는) 얼굴은 해가 세차게 비치는 것과 같이……(요한에게 보이셨습니다.)
> (묵시록 1 : 16)

[7] 주님의 인성이 영화되셨다는 것은 복음서에서 주님의 영광화에 관하여 언급된 사실에서 아주 명백합니다. 요한복음서의 말씀입니다.

> 예수께서 그들에게 대답하셨다. "인자가 영광을 받을 때가 왔다. 아버지, 아버지의 이름을 영광되게 하여 주십시오."
> (요한 12 : 23, 28)

예수님께서는 계속적인 단계로 영광화되셨기 때문에, "내가 이미 영광스럽게 하였고, 다시 영광스럽게 할 것이다"라고 언급되었습니다. 같은 복음서의 말씀입니다.

> 유다가 나간 뒤에, 예수께서 말씀하셨다. "이제는 인자가 영광을 받았고, 하나님께서도 인자로 말미암

아 영광을 받으셨다. (하나님께서 인자로 말미암아 영
광을 받으셨으면) 하나님께서도 몸소 인자를 영광되
게 하실 것이다. 이제 곧 그렇게 하실 것이다.
(요한 13 : 31, 32)
예수께서…… 하늘을 우러러보시고 말씀하셨다. "아
버지, 때가 왔습니다. 아들을 영광되게 하셔서, 아들
이 아버지께 영광을 돌리게 하여 주십시오.……아버
지, 창세 전에 내가 아버지와 함께 누리던 그 영광
으로, 나를 아버지 앞에서 영광되게 하여 주십시
오."
(요한 17 : 1, 5)

누가복음서의 말씀입니다.

그리스도가 반드시 이런 고난을 겪고서, 자기 영광
에 들어가야 하지 않겠습니까?
(누가 24 : 26)

이 말씀들은 모두 주님의 인성에 관하여 언급하고 있
습니다.
[8] 주님께서 "하나님께서도 그(=인자)로 말미암아 영광
을 받으셨다" 그리고 "하나님께서도 몸소 인자를 영광
되게 하실 것이다" 그리고 또한 "아들을 영광되게 하셔
서, 아들이 아버지께 영광을 돌리게 하여 주십시오"라
고 말씀하신 이유는, 신성이 인성과 더불어, 그리고 인
성이 신성과 더불어 결합되었기 때문에, 그 합일(合一)

은 상호적(相互的)이기 때문입니다. 이런 이유 때문에 주님께서는 또한 "내가 아버지 안에, 아버지께서 내 안에 계신다"(요한 14 : 10, 11)고 말씀하셨고, 그리고 또한 "나의 것은 모두 아버지의 것이고, 아버지의 것은 모두 나의 것이다"(요한 17 : 10)라고 말씀하셨습니다. 그러므로 그 합일은 완전한 합일입니다. 이것은 모든 합일에 있어서도 꼭 같은데, 그것이 상호적이 아니라면, 그것은 완전한 합일이 아닙니다. 그러므로 주님과 사람과의 합일, 그리고 사람과 주님과의 합일도 그러하여야만 합니다. 그것을 주님께서 이렇게 가르치셨습니다. 요한복음서의 말씀입니다.

> 그 날에 너희는, 내가 내 아버지 안에 있고, 너희가 내 안에 있고, 또 내가 너희 안에 있음을 알게 될 것이다.
> (요한 14 : 20)
> 언제나 내 안에 머물러 있어라. 그러면 나도 너희 안에 머물러 있겠다.······사람이 내 안에 머물러 있고, 내가 그 사람 안에 머물러 있으면, 그는 많은 열매를 맺는다. 너희는 나를 떠나서는 아무것도 할 수 없다.
> (요한 15 : 4, 5)

[9] 주님의 인성이 영화되셨기 때문에, 즉 신령하게 되었기 때문에, 주님께서는 돌아가신 뒤, 제 셋째 날, 그

의 온 몸으로 다시 사셨는데, 그와 같은 일은 어떤 사람에게도 일어나지 않습니다. 왜냐하면 사람은 오직 영적 존재의 측면에서만 다시 사는 것이지, 육체의 측면에서는 다시 살지 못하기 때문입니다. 사람들이 누구나 전혀 의심 없이 이것을 알게 하기 위하여, 주님께서는 그분의 온 몸(His whole body)으로 다시 사셨고, 주님께서는 무덤에 있었던 천사들을 통하여 그렇게 말씀하셨을 뿐만 아니라, 그의 인간적인 몸(His human body)으로 제자들에게 자기 자신을 보여 주셨습니다. 그리고 제자들이 어떤 영(=귀신 a spirit)을 본 것으로 믿을 때 그들에게 말씀하셨습니다. 복음서의 말씀입니다.

"내 손과 발을 보아라. 바로 나다. 나를 만져 보아라. 유령은 살과 뼈가 없지만, 너희가 보다시피, 나는 살과 뼈가 있지 않으냐?" 이렇게 말씀하시고, 손과 발을 그들에게 보이셨다.
(누가 24 : 39, 40 ; 요한 20 : 20)
도마에게 "네 손가락을 이리 내밀어서 내 손을 만져 보고, 네 손을 내 옆구리에 넣어 보아라. 그래서 의심을 떨치고 믿음을 가져라" 하고 말씀하셨다. 도마가 예수께 "나의 주님, 나의 하나님!"하고 대답하니······.
(요한 20 : 27)

[10] 주님께서 자신이 유령(a spirit)이 아니고, 사람(a

Man)이심을 더욱 확신시키기 위하여 주님께서는 제자들에게 이렇게 말씀하셨습니다. 즉—.

> 예수께서 "여기에 먹을 것이 좀 있느냐?" 하고 그들에게 말씀하셨다. 그래서 그들이 그에게 구운 물고기 한 토막을 드리니, 예수께서 받아서 그들 앞에서 잡수셨다.
> (누가 24 : 41-43)

주님의 몸이 더 이상 물질적인 몸이 아니고 오히려 신령한 본질적인 몸이기 때문에 문이 잠겼을 때 그 안의 제자들에게 들어갔습니다(요한 20 : 19, 26). 그리고 주님께서 보여진 뒤에, 주님께서는 보이지 않았습니다(누가 24 : 31). 이와 같이 되었기 때문에, 그 때 주님께서는 위로 올리워졌고, 그리고 하나님 우편에 앉으셨습니다. 이런 내용을 우리는 복음서에서 밝히 읽습니다.

> 예수께서는 그들에게 축복하시면서, 그들을 떠나, 하늘로 올라가셨다.
> (누가 24 : 51)
> 주 예수께서 그들에게 말씀하신 뒤에, 하늘로 들려 올라가셔서, 하나님의 오른쪽에 앉으셨다.
> (마가 16 : 19)

"하나님의 오른쪽에 앉았다"는 것은 신령전능(神靈全

能 · Divine omnipotence)을 뜻합니다.
[11] 주님께서 하늘로 승천(昇天)하시고, 하나님의 오른쪽에 앉으셨으므로 (이것은 신령전능을 뜻하는데), 신성과 인성은 한 존재(a one)로 결합되었기 때문에, 여기에서 뒤이어지는 결론은, 그분의 인성 실체, 즉 본질은 그분의 신령 실체, 즉 본질과 꼭 같다는 것입니다. 이와 달리 생각한다는 것은 그분의 신성은 하늘로 승천, 하나님의 오른쪽에 앉으셨으나, 그러나 그분의 인성은 그 신성과 같이 하지 않으셨다고 생각하는 것과 꼭 같은데, 그러한 생각은 성경에 반대가 되고, 또 기독교 교리에 맞지 않습니다. 기독교 교리는 그리스도 안에서, 영혼과 육체와 같이, 하나님과 사람으로 존재한다는 것이며, 그리고 이들 둘을 분리하는 것은 건전한 이성에도 반대가 됩니다. 아들과 아버지의 합일, 또 인성과 신성의 합일은 아래의 말씀에서도 뜻하는 바입니다. 복음서의 말씀입니다.

> 나는 아버지에게서 떠나서, 세상에 왔다. 나는 세상을 두고 아버지께로 간다.
> (요한 16 : 28)
> 나는 잠시 동안 너희와 함께 있다가, 나를 보내신 분께로 간다.
> (요한 7 : 33 ; 16 : 5, 16 ; 17 : 11, 13 ; 20 : 17)
> 너희가 인자가 전에 있던 곳으로 올라가는 것을 보면, 어떻게 하겠느냐?

(요한 6 : 62)

하늘에서 내려온 이, 곧 인자 밖에는 하늘로 올라간 이가 없다.

(요한 3 : 13)

구원받는 사람은 누구나 천계로 올라가지만, 그러나 자기 스스로 올라가는 것은 아닙니다. 사람은 주님의 도움에 의하여 천계에 오릅니다. 주님만이 홀로 자기 스스로 올라가셨습니다.

8) 하나님은 사람이 되셨다

따라서 하나님은 사람이 되셨는데, 그것은 제일 원리에서나, 또 궁극적인 것에서도 그러합니다. 하나님이 한 사람(原人間・a Man)이시고, 모든 천사나 영(靈・spirit)은 하나님에게서 비롯된 사람(a man)이다는 것은 ≪천계와 지옥≫(Heaven and Hell)이라는 저서에서 이미 부분적으로 설명하였으며, 그리고 ≪천사적 지혜≫(Angelic Wisdom)라는 책명의 저서에서 더 자세히 설명하였습니다. 그러나 하나님께서는 태초부터 제일 원리로 사람(a Man)이셨으나, 궁극적인 것으로는 아니었습니다. 그러나 그분께서 이 세상에 오셔서 인성을 입으신 뒤, 그분은 역시 궁극적인 것으로도 사람(a Man)이 되셨습니다. 이와 같은 내용은, 이미 앞에서 정립된 것에서, 즉 주님께서는 그의 신성에 그의 인성을 결합하시었고, 따라서 그의 인성을 신령하게 완성하셨다는 결론에서 뒤이어집니다. 이 결론에서부터, 주님께서는 시작과 끝이요, 처음과 마지막, 또는 알파와 오메가라고 불리운 것입니다. 묵시록서와 이사야서의 말씀입니다.

지금도 계시고 전에도 계셨고, 앞으로도 오실 전능하신 주 하나님께서 "나는 알파요 오메가다" 하고 말씀하십니다.
(묵시록 1 : 8)
(요한이 볼 때) 그 촛대 한가운데 '인자 같은 이'가 계셨습니다. 그를 뵐 때에, 내가 그의 발 앞에 엎어져서 죽은 사람과 같이 되니, 그가 내게 오른손을 얹고 말씀하셨습니다. "두려워하지 말아라. 나는 처음이며 마지막이다."
(묵시록 1 : 13, 17 ; 2 : 8 ; 21 : 6)
"보아라, 내가 곧 가겠다. 나는 너희 각 사람에게 그 행위대로 갚아 주려고 상을 가지고 가겠다. 나는 알파와 오메가, 처음과 마지막이며, 시작과 끝이다.
(묵시록 22 : 12, 13)
이스라엘의 왕이신 주,
이스라엘의 속량자이신
만군의 주께서 말씀하신다.
"나는 시작이요, 마감이다."
(이사야 44 : 6 ; 48 : 12)

7. 성령(聖靈)에 관하여

1) 일반적인 정의

　성령(聖靈 · the Holy Spirit)은 신령진리이며, 또한 그분 안에 신령삼일성(神靈三一性 · a Divine Trinity)이 존재해 있는 한 분 하나님(the one only God), 즉 주 하나님 구세주(the Lord God the Saviour)에게서 발출(發出)되는 신령에너지(the Divine energy)이고, 신령활동(神靈活動 · the Divine operation)입니다(≪순정기독교≫ 138항).

　신령활동(神靈活動)은 주님에게서 비롯된 신령진리에 의하여 이루어집니다. 그리고 주님에게서 발출(發出)되는 것은, 그것이 발출되는 근원이신 분과 하나이고, 또한 꼭 같은 동일의 본질(本質)입니다. 그것은 마치 모여서 하나의 본질을 형성하는 영혼(靈魂 · the soul) · 몸(身體 · the body) · 발출된 활동(發出活動 · the proceeding action)처럼 셋(three)이 하나의 본질(one essence)을 이룹니다. 이 본질은 사람 안에서는 단지 인간적이지만, 주님 안에서는 신령적(Divine)이고, 동시에 인성적(Human)입니다. 이 양자가 영화(榮化 · glorification) 후에 선재적(先在的)인 것과 후래적(後來的)인 것, 또는 본질과 그것의 형체(the essence with its form)처럼 합일(合一) 되었습니다. 따라서 아버지(聖父 · the Father) · 아들(聖子 · the Son) · 성령(聖靈 · the Holy Spirit)이라고 불리워지는 세 본질들(three essentials)은 주님 안에서 하나(一體 · one)입니다(≪순정기독교≫ 139항).

  보혜사(保惠師 · 慰勞者 · the Comforter), 즉 성령이 주님에게서 비롯된 신령진리를 가리킨다는 것은 아주 명백합니다. 왜냐하면 주님께서 친히 제자들에게 진리(眞理 · the Truth)라고 말씀하셨고, 그리고 그들이 죽게 되었을 때 주님께서는 그들을 모든 진리에로 인도하는 보혜사, 즉 진리의 영(the Spirit of Truth)을 보내실 것(요한 16 : 13)과 그리고 그 보혜사는 자기 스스로 말하지 않고, 주님으로 말미암아 말한다는 것(요한 16 : 15)을 공언하셨기 때문입니다.

  그리고 신령진리는 영화되신 주님의 인성에서 발출되고, 주님의 신성에서 직접 발출되지 않기 때문에, ―이 존재는 본질적으로 영원 전부터 영화되었기 때문에― 따라서 "예수께서 아직 영광을 받지 않으셨으므로, 성령이 아직 사람들에게 와 계시지 않았다"(요한 7 : 39)고 언급되었습니다. 천계에 있는 천사들은 교회에 속한 사람들이 성령이 신령진리이고, 주님의 신성에서 직접 발출되는 것이 아니고, 주님의 인성에서 발출되는 신령진리이다는 것을 알지 못하는 것을, 매우 매우 놀라워하였습니다. 아직도 그러한 것은, 전기독교계(全基督敎界)가 수용하고 있는 교리가 "아버지께서 그러한 것과 같이, 아들 또한 비창조적 무한한 · 영원한 · 전능한 하나님이시고, 주님이시며, 두 분 중 어느 분도 처음도 나중도 아니시고, 크지도 작지도 않으시다, 그리스도는 하나님(God)이고 사람(Man)이시고, 하나님은 아버지의 본성(the nature of the Father)에서 오셨고, 사람(man)은 어머니의 본성(the nature of the mother)에서 오셨다, 그러나 비록 그리스도께서 하나님이시고 사람이시고, 그럼에도 불구하고 두 분, 즉 하나님과 사람은 둘(two)이 아니고 한 분 그리스도(one Christ)이시다, 그 분은, 신령성(神靈性 · the Divinity)이 인간성(人間性 · the Humanity)의 변화에 의하지 않고, 오히려 인간성 자체에 수용된 신령성에 의하여, 한 분(one)이시다, 그리스도는 두 본성(本性)의 혼합(混合)에 의한 것이 아니고 오히려 한 인격(one person alone)에 의하여 전적으로 한 분(one)이시다, 그 이유는 몸과 영혼이 한 사람인 것과 같이, 하나님과 사람이 한 분 그리스도이시다" 라고 가르치기 때문입니다. 이러한 내용은 아타나시우스 신경(信經)에서 비롯되었습니다.

그러므로 주님의 신성(神性)과 인성(人性)이 둘(two)이 아니고, 영혼과 몸처럼 결합된 한 분 인격(one only person)이시기 때문에, 우리가 잘 알 수 있는 것은, 성령이라고 부르는 신령발출(神靈發出 · the Divine effluence)은 주님의 신성에서부터 주님의 인성에 의하여, 다시 말하면 신령인간(神靈人間 · the Divine Human)에게서 나오고, 발출한다는 것입니다. 왜냐하면, 육신에 속한 모든 삶이 그것의 영혼에서 비롯되기 때문에, 영혼에서 비롯된 육체에 의한 것을 제외하면 육신으로부터는 그 어떤 것도 나올 수 없기 때문입니다. 아버지께서 그러한 것 같이 아들 역시 비창조적 존재이고, 무한·영원·전능 존재이고, 하나님이시고, 주님이시며, 두 분 중 누구도 처음도 마지막도 아니시고, 크지도 작지도 않으시기 때문에, 여기서 얻는 결론은, 성령이라고 부르는 신령발출(神靈發出·the Divine Proceeding)은 주님의 신성(神性)으로부터 주님의 인성(人性)에 의하여 나오는 것이지, 아버지라고 부르는 또다른 신성(another Divine)에게서 오지 않는다는 것입니다. 왜냐하면 주님께서는 친히 당신 자신과 아버지는 하나(one)이시다는 것과 아버지께서는 그분 안에, 그분께서는 아버지 안에 계신다는 것을 가르치셨기 때문입니다.

 그럼에도 불구하고 기독교계의 대부분은 그들의 마음 속에서는 그와 달리 생각하고, 따라서 그 말과는 달리 믿는다는 것이 천사들이 단정한 것인데, 이렇게 생각하고 말하는 것은, 그들이 주님의 인성에 관해서 그분의 신성과 갈라놓고 생각하는 사실에서 기인된 섯입니다. 그럼에도 불구하고, 주님의 신성(神性)과 인성(人性)은, 두 인격(two persons)이 아니고, 영혼과 몸이 하나로 합일된 것과 같이, "오직 한 분 인격"이다고 가르치는 그 신조(信條)와는 정반대입니다.

 신령진리인 신령발출이, 천사나 영들을 통하여 직접

적으로, 또는 간접적으로 사람에게 입류(入流)하기 때문에, 그러므로 성령은 아버지나 아들로 불리우는 두 분 하고는 전혀 다른 제삼의 인격(a third person)이라고 믿는다는 것입니다. 그러나 스베덴보리 선생님은 천계에서는 어느 누구도 주님에게서 발출된 신령진리 이외의 다른 거룩한 신령존재(an other Holy Divine)로 알고 있지 않다는 사실을 단언, 확증할 수 있다고 하였습니다(《묵시록해설》 183항).

그러므로 신령진리가 성령이 뜻하는 것이고, 또 성령이 주님 안에 있기 때문에, 성령은 주님 자신이십니다(요한 14 : 6). 그리고 따라서 다른 근원에서 성령이 나올 수 없기 때문에, 주님께서는 이렇게 말씀하셨습니다. 요한복음서의 말씀입니다.

> 예수께서 아직 영광을 받지 않으셨으므로, 성령이 아직 사람들에게 와 계시지 않았다.
> (요한 7 : 39)

그리고 영화되신 뒤에는―.

> 그들에게 숨을 내뿜으시고, 말씀하셨다. "성령을 받아라."
> (요한 20 : 22)

주님께서 제자들에게 숨을 내뿜으시고, 말씀하신 이
유는, "숨"(=내쉼 · breathing)이 신령영감(神靈靈感 ·
the Divine inspiration)에 속한 외적인 표징이기 때문
입니다. 그러나 영감은 천사적 사회의 입문(入門 ·
insertion)을 가리킵니다(≪순정기독교≫ 140항).
　성령을 신령발출(神靈發出 · the proceeding Divine)
이라고 부르는데, 그럼에도 불구하고, 어느 누구도 왜
신령발출을 신령이라고 부르는지 그 이유를 알지 못
합니다. 스베덴보리 선생님은 알지 못하는 이유를,
아직까지 주님께서 천사들에게 태양처럼, 그리고 그
태양의 본질인 신령사랑을 가리키는 볕(熱 · heat)으로,
그리고 그 태양의 본질인 신령지혜인 빛(光 · light)으
로 나타나셨는데, 그것들은 모두 그 태양에서 온다는
것을 모르기 때문이라고 하셨습니다. 사람들이 이 사
실들을 모르고 있는 한, 그리고 알 수 없는 한, 그 신
령발출을 자기 멋대로 성령이라고 할 수밖에 없었습
니다. 즉 신령발출이 그것 자체에 의한 하나의 신령존
재가 아니라는 것을 알 수 없습니다. 결과적으로 아타
나시우스 교리는 삼일성(三一性 · the Trinity)에 관해서
아버지도 한 위(位 · 人格 · one person)이요, 아들도 다
른 한 위(位 · 人格 · one person)고, 성령도 또다른 한
위(位 · 人格 · one person)라고 선언하였습니다.
　그러나 주님께서 태양처럼 나타나신다는 것을 한
번 알게 되면 성령이라고 부르는 신령발출(神靈發出)이

라는 올바른 개념을 가질 수 있겠습니다. 즉 이 성령은 주님과 하나이시지만, 태양으로부터 별과 빛이 발출되는 것과 같은 식으로 주님에게서 발출되는 것과 같습니다(≪신령사랑과 신령지혜≫ 146항).

2)성령에 대한 모독(冒瀆)
예수님께서 하신 말씀입니다.

"사람들이 무슨 죄를 짓든지, 무슨 신성 모독적인 말을 하든지, 그들은 용서를 받을 것이다. 그러나 성령을 모독하는 것은 용서를 받지 못할 것이다. 또 누구든지 인자를 거역하여 말하는 사람은 용서를 받을 것이다. 그러나 성령을 거역하여 말하는 사람은, 이 세상에서도 오는 세상에서도, 용서를 받지 못할 것이다.
(마태 12 : 31, 32)
내가 진정으로 너희에게 말한다. 사람들이 짓는 모든 죄와 그들이 하는 어떤 비방도 용서를 받을 것이다. 그러나 성령을 모독하는 사람은 용서를 받지 못하고, 영원한 죄에 매인다.
(마가 3 : 28, 29)
누구든지 인자를 거슬러서 말하는 사람은 용서를 받을 수 있다. 그러나 성령을 모독하는 사람은 용서를 받지 못할 것이다.
(누가 12 : 10)

성령을 거스르는 죄와 모독이나, 인자(人子)를 거스르는 말이 뜻하는 것이 무엇인지는 아직까지 교회에 알려지지 않았습니다. 그 이유는, 성령(聖靈)이나 인자(人子 · the Son of man)가 뜻하는 정확한 뜻이 무엇인지 알지 못하기 때문입니다. 성령은, 천계에 있는, 따라서 영적인 뜻 안에 있는 신령진리로서의 주님을 뜻합니다. 왜냐하면 이것은 천계에 있는 신령진리를 가리키기 때문입니다. 그리고 "인자"(人子)는 땅 위에 있는, 그러므로 자연적인 뜻 안에 있는 성언(聖言)을 뜻합니다. 이것은 땅 위에 있는 신령진리를 가리키기 때문입니다.

성령이나 인자가 뜻하는 것이 무엇인지 알려진다면, 성령에 거역하는 죄나 모독이 뜻하는 것 역시 알 수 있고, 인자를 거역하는 말이 뜻하는 것도 알 수 있겠습니다. 마찬가지로 인자를 거역하는 말이 왜 용서받지만, 그러나 성령을 거슬러 모독하는 것이 왜 용서받지 못하는지 알 수 있습니다.

성언을 부인(否認)하는 것이나, 또는 참된 선을 더럽히는 것이나, 참된 진리를 위화(僞化)하는 것은 성령을 거역하는 죄이고 모독입니다. 그리고 외현(外現)에 따라서 성경말씀의 문자적인 뜻을 가리키는 성경말씀의 자연적인 뜻(自然的 意)을 해석하는 것은 인자를 거역하는 말을 가리킵니다. 성언을 부인하는 것이 이 세상에서도, 오는 세상에서도, 그리고 영원히 용서받을 수 없는 이유와, 그리고 그것을 행하는 사람이 영원한 죄에 매이는 이유는, 그들이 성언을 부인하고, 하나님을 부인하고, 주님을 부인하고, 천계와 지옥을 부인하고, 교회와 그것에 속한 모든 것들을 부인하는 사람들이기 때문입니다. 그리고 이런 부인들 안에 빠져 있는 사람들은, 다만 입술로는 우주의 창조의 공을 초월존재(超越存在 · Supreme Being), 또는 전지전능한 분(全知全能者 · the Deity), 또는 하나님에게 돌리지만, 그들의 마음에서는 그 공을 자연(自然)에게 돌리는 무신론자(無神論者 · atheist)를 가리킵니다. 이런 부류의 사람들은, 그들이 그 부인을 통하여 주님과 결합하는 모든 고리를 끊고, 녹여버리기 때문에, 천계와는 갈라지고, 지옥과는 결합하는 것 이외의 다른 것은 할 수 없습니다. 성언에 속한 참된 선을 모독(冒瀆)하고, 성언에 속한 참된 진리를 위화(僞化)하는 것이 성령을 모독하는 것이고, 그것이 용서받을 수 없는 이유는, 앞에서 언급한 것과 같이, 성령이 천계에서는 신령진리로서, 따라서 영적인 뜻으로는 성언으로서의 주님을 뜻하기 때문입니다. 영적인 뜻으로 성령은 순수한 선이고, 진리입니다. 그러나 자연적인 뜻으로는 마찬가지로 옷입혀져 있지만, 다만 여기서나 저기에서는 발가벗겨져 있습니다. 그러므로 그것들은 외현 가운데 있는 선들이고 진리들이라고 부르는데, 이것들은 더럽혀졌고, 위화되었습니다. 순수한 선이나 진리에 상반되게 그것들이 해석될 때, 그것들은 더럽혀졌고, 위화되어졌다고 말합니다. 왜냐하면 그렇게 되면 천계는 스스로 옮겨지고, 사람은 그것으로부터 격리되어 떨어져 나가기 때문입니다. 그 이유는, 앞에서 언급한 것과 같이, 순수한 선이나 진리들은, 천계의 천사들이 있는 성경말씀의 영적인 뜻을 형성하기 때문입니다. 예를 들어보겠습니다. 만약 주님이나, 주님의 신령성이 부인된다면, 마치 주님께서 바알세불의 힘을 빌려서 이적을 행하고, 또 더러운 귀신이 들었다고 말하는 바리새파 사람들이 하는 짓거리와 꼭 같을 것입니다. 그와 같은 부인은 결과적으로 그들은 성령에 거역하는 죄와 성령의 모독을 범하였다고 언급되었습니다. 그 이유는, 앞에서 언급한 것과 같이, 성경말씀(聖言)을 거역하였기 때문입니다.

그러므로 바리새파 사람들은, 비록 그들이 주님을 부인하지 않지만, 그럼에도 불구하고 주님의 신령성을 부인하는 소시니언파 사람들이나 아리언파 사람들처럼 천계에서 쫓겨나고, 어느 천사적 사회에서도 용납되지 않는 사람들과 꼭 같습니다.

예를 또 든다면, 구원의 방법에서 사랑에 속한 선이나, 인애에 속한 선행을 제외시키는 사람들과 같고, 또한 나는 믿음을 가지고 있기 때문에 선행이 나를 구원하지 못하고 또한 악이 나를 정죄하지 못한다고 마음 속에서부터 떠벌이면서, 이것을 교리에서 뿐만 아니라, 삶에서까지 고집하며, 오직 구원의 길로서 그런 것들을 용납하지 않고, 독선적인 믿음만을 주장하는 사람들과 같습니다. 이들이 또한 바로 성령을 모독하는 것입니다. 왜냐하면 그들은 성언에 속한 순수한 선이나 진리를 모독하고 위화하기 때문입니다. 이러한 사실은 사랑 · 인애 · 행위 · 선행이 언급된 성경말씀의 수천의 곳에 잘 기술되어 있습니다(≪묵시록해설≫ 778항).

3) 성령은 구약에서 거명되지 않았다

구약의 말씀에서 성령이 언급된 것은 하나도 없고 다만 "거룩함의 영"(the spirit of holiness)으로, 그것도 세 곳에, 즉 한 번은 시편서(51 : 13)에, 두 번은 이사야서(63 : 10, 11)에 언급되었습니다. 그러나 신약의 말씀에는, 즉 사도행전이나 사도들의 서간서에와 꼭 같이, 복음서에서도 자주 언급되고 있습니다. 그 이유는 주님께서 이 세상에 오셨을 때 처음으로 성령이 비로소 존재하였기 때문입니다. 왜냐하면 성령은 아버지로 말미암아 주님에게서 나왔기 때문입니다(≪순정 기독교≫ 158항).

제3장 결론(結論) : 올바른 삼일성(三一性) 교리

1. 신령 삼일성(神靈 三一性)의 일반적인 정의*19)

성부(聖父)·성자(聖子)·성령(聖靈) 이 셋은 한 분 하나님의 세 본질적인 것들(the three essentials)인데, 그것은 마치 사람 안에서 영혼·몸·활동(活動·operation)이 하나가 되는 것과 같습니다(≪순정기독교≫ 166항).

신령 삼일성(神靈 三一性·聖 三位一體·the Divine Trinity)에 관해서 살펴보면, 오늘날 인간의 이성(理性)은, 수갑(手匣)과 족쇄(足鎖)를 채워, 감옥에 갇혀 있는 사람과 같은데, 그것은 마치 성화(聖火)를 꺼뜨렸기 때문에 생매장된 '붸스터 여신의 동정녀'에게 비할 수 있겠습니다. 그럼에도 불구하고 오늘날 이른바 성 삼위일체의 가르침은, 교회에 속한 사람들의 마음 속에서 횃불처럼 빛나지 않으면 안 되고 있습니다. 왜냐하면 삼일성(三一性)과 그것의 단일성(單一性·unity)

---

*19) ≪스베덴보리의 신학총서≫ 151쪽부터 160쪽의 내용이다.

안의 하나님은 천계와 교회에 속한 모든 신성(神聖) 안에 있는 모든 것(All)이기 때문입니다(≪순정기독교≫ 169항).

 모든 사람이 시인하는 것은, 구원주(救援主)이신 주 하나님 안에는 영혼·몸·활동(活動)이라는 근본적인 세 요소가 존재한다는 것입니다. 주님의 영혼이 성부 여호와에게서 왔다는 것은 적 그리스도(Anti-christ)에 의해서만 부정될 수 있습니다. 왜냐하면 신·구약의 말씀에서 주님께서는 여호와의 아들(the Son of Jehovah), 지존자 하나님의 아들(至尊者·the Son of the Most High God), 또는 독생자(獨生子·the Only-begotten)라고 불리웠기 때문입니다. 그러므로 아버지(聖父)의 신령성이, 마치 사람 안에 있는 영혼과 같이, 주님의 첫째 요소가 됩니다. 마리아가 낳은 아들(聖子)은 그 신령 영혼의 몸(身體·body)이라는 결론이, 어머니의 태내에서는 영혼으로 말미암아 잉태되고 공여(供與)되는 몸(身體·body) 이외의 아무것도 없다는 사실에서, 추론되겠습니다. 그러므로 이것이 주님의 둘째 요소가 되겠습니다. 활동(活動·operation)들은 주님의 셋째 요소를 형성하는데, 그 이유는 그것들은 모두가 영혼과 몸을 합친 것에서 발출되기 때문입니다. 그리고 발출된 것은 무엇이든지 그것을 발출한 것과 동일 본질(同一本質)에 속한 것이기 때문입니다. 성부·성자·성령인 이 본질적 세 요소들은 주님 안에서 하나(one)이다는 것은, 마치 사람 안에 영혼·몸·활동이 하나인 것과 같습니다. 이러한 사실은, 주님의 말씀에서, 즉 아버지와 당신은 하나이시고, 아버지께서 당신 안에, 당신은 아버지 안에 있다고 하신 사실에서, 명백합니다. 마찬가지로 당신과 성령은 하나이십니다. 그 이유는 성령은 아버지로부터 주님에게서 나온 신령발출(神靈發出 · the Divine proceeding)이기 때문입니다(《순정기독교》 167항).

성령이라고 부르는 신령진리 자체는 주님의 신령인성(the Lord's Divine Human)에게서 비롯됩니다. 그리고 주님 당신은 신령진리이시기 때문에, 주님께서 세상에 계실 때, 성령에 의해서가 아니고, 주님께서 친히 사랑과 믿음에 속한 것들을 가르치셨습니다. 주님께서 친히 요한복음서에서 가르치신 것입니다.

> 예수께서 아직 영광을 받지 않으셨으므로, 성령이 아직 사람들에게 와 계시지 않았다.
> (요한 7 : 39)

그러나 인성의 측면에서 보면, 주님께서 신령선이신 여호와가 되신 뒤에는, 이러한 일은 부활 뒤에 있었는데, 주님께서는 그 때 더 이상 신령진리가 아니시고, 오히려 그분의 신령선에서 비롯된 신령진리, 즉 성령이 되셨습니다. 성령이 주님의 신령인성에서 비롯된 신령진리이시지, 영원 전부터 있었던 어떤 영이나 영들이 아니다는 사실은, 앞에서 "성령은 아직 사람들에게 와 계시지 않았다"고 인용한 주님의 말씀에서 아주 명백합니다. 그리고 또한 명백한 사실은 영(靈 · spirit) 스스로는 발출할 수 없고, 다만 영에 속한 거룩한 발출(the holy effluence of a spirit), 즉 주님에게서 발출된 거룩한 발출(the holy effluence)이고, 그것은 한 영이 입증해 주는 것입니다.

이상의 연구에서 얻어지는 결론은, 전삼일성(全三一性 · the whole Trinity)은 주님 안에서 완전하시다는 것입니다. 다시 말하면 성부 · 성자 · 성령은 주님 안에서 완전하시다는 것입니다. 따라서 주님 안에는, 인격에 관해서 구분되는 셋이 아니고, 한 분 신령존재(one Divine)를 이루신다고 말씀하신 한 분 하나님(one God)만 계신다는 것입니다. 성경말씀에서 성부 · 성자 · 성령이라고 그들이 각각 호칭된 이유는 사람들이 주님을 시인하고, 또한 그분 안에 계신 신령존재를 시인하게 하려는 것입니다. 왜냐하면 사람은, 오늘날도 마찬가지이지만, 매우 짙은 흑암(黑暗) 속에 빠져 있었기 때문에, 그렇게 하지 않으면 사람은 주님 안에 계시는 그 어떤 신령 존재도 시인하지 않았을 것이기 때문입니다. 왜냐하면 그 사람에게 있어서 이것은, 전적으로 불가사의(不可思議 · incomprehensible) 한 것이기 때문에, 그의 모든 믿음을 훨씬 뛰어 넘는 사안(事案)이었을 것이기 때문입니다. 더욱이 한 존재 안에(in one), 다른 말로 하면, 주님 안에 신령삼일성(神靈三一性・a Trinity)이 존재한다는 것은 하나의 진리입니다. 이 진리는 신령 삼일성은 주님 안에 거(居)하신다고 기독교 교회들 안에서 역시 시인되고 있습니다. 주님께서도 친히 당신은 아버지와 하나(one)이시다고 명료하게 가르치셨습니다(요한 14 : 9-12). 그리고 성령이 증거하는 거룩한 진리(the holy truth)는 성령의 것이 아니고, 주님 당신의 것이라고 주님께서 친히 요한복음서에서 가르치셨습니다. 요한복음서의 말씀입니다.

> 그러나 그분(=보혜사) 곧 진리의 영이 오시면……그는 자기 마음대로 말씀하지 않으시고, 듣는 것만 일러주실 것이요,……또 그는 나를 영광되게 하실 것이다. 그가 나의 것을 받아서, 너희에게 알려 주실 것이기 때문이다.
> (요한 16 : 13, 14)

보혜사(保惠師)께서 성령이시다는 것은 요한복음서 14장 26절에 공표되었습니다(≪천계비의≫ 6993항).

2. 창조 이전에는 하나님의 삼일성은 존재하지

않았고, 다만 하나의 개념적 존재, 또는 가능태적 존재로 존재하였다

거룩한 책(聖經 · the Sacred Scripture)이 가르치고, 성경에서 비롯된, 그리고 그 안에서 밝은 이성이 주님에 의하여 보는 것은 "하나님은 한 분이시다"는 것입니다. 그럼에도 불구하고 하나님이, 세상 창조 이전에, 삼위일체(三位一體 · triune)적 존재로 계셨다는 것은 성경이 가르치지 않으며, 그것에서 비롯된 밝은 이성도 그것을 볼 수 없다는 것입니다. 시편서에 언급된 "오늘 나는 너를 낳았다"고 언급된 말씀은 영원 전부터라는 뜻이 아니고, 정해진 때(the fulness of time) 가운데 있다는 것을 뜻합니다. 왜냐하면 하나님 안에서의 미래는 현재이고, 또한 오늘(today)이기 때문입니다. 이사야서의 말씀도 꼭 같습니다.

> 한 아기가 우리에게 태어났다.
> 우리가 한 아들을 얻었다.
> 그의 이름은 '기묘자, 모사,
> 전능하신 하나님,
> 영존하시는 아버지,
> 평화의 왕'이라고 불릴 것이다.
> (이사야 9 : 6)

합리적인 마음이 창세 전에 성부 · 성자 · 성령이라

고 부르는 세 신령 인격들이 있었다는 말을 들으면, 아래의 주제에 관해서 생각하는 동안 어떤 합리적인 마음이 속으로 의문을 제기하지 않겠습니까? 즉 아버지 하나님이 낳은 영원 전부터 계신 아들은 무엇을 뜻하는 것일까? 그 아들은 어떻게 태어날 수 있을까? 영원 전부터 계신 아들을 통하여 아버지 하나님에게서 발출된 성령은 무슨 존재인가? 어떻게 자기 스스로에 의하여 발출될 수 있고, 하나님이 될 수 있는가? 즉 어떻게 한 인격(a person)이 영원 전부터 계신 한 인격(a person)을 낳을 수 있으며, 이 양자가 어떻게 한 인격을 생산할 수 있는가? 한 인격은 한 인격이 아닌가? 라는 의문들 말입니다.

영원 전부터 계신 신(神 · Godhead) 안에 있는 복수 인격의 삼위일체(復數人格 三位一體 · a Trinity of persons)에 관해서 깊이 깊이 숙고(熟考)하고, 이리 저리 궁리(窮理)하는 합리적인 마음은, 세상 창조 이전에 태어날 아들과, 그 아들을 통하여 아버지로부터 나올 성령이 어떤 용도인지에 관해서 능히 생각할 수 있을 것입니다. 거기에는 우주가 어떻게 창조될 것인지 그 세 존재가 고려할 필요가 있었겠습니까? 따라서 세 존재가 우주를 창조하셨는데, 그럼에도 불구하고 그 때 한 분 하나님에 의하여 우주가 창조되었다는 것입니까? 거기에는 성자께서 속량하여야 할 기회나 계기(契機) 조차 있지 않았습니다. 그 이유는, 속량의 대업

(贖良 大業)은 세상 창조 이후 그 시간에 이르러서(in the fulness of time) 이루어졌기 때문입니다. 또한 성령께서도 죄를 깨끗이 씻지도 않았습니다. 그 이유는 거기에는 아직 죄씻음을 받아야 할 사람이 전혀 있지 않았기 때문입니다. 만약 그 때 거기에 하나님에 속한 개념 안에 이와 같은 용도가 존재하였다면, 그러면서도 그것들이 세상 창조 이전에는 실제적으로 존재하지 않았고, 다만 세상 창조 이후에 존재하였다면, 여기서부터 뒤 따르는 것은, 영원 전부터 계신 이른바 삼위일체, 즉 삼일성(三一性)은 사실적인 삼일성이 아니고, 개념적인 삼일성이라는 것입니다. 그런데 하물며 세 인격의 삼위일체가 어떻게 있을 수 있겠습니까!

세상 창조 이전에 신(神) 안에 있는 복수 인격의 삼위일체(三位一體)는 결코 아담의 때로부터 주님의 강림 때까지 어느 누구의 마음에도 내려오지 않았습니다. 그러한 사실은 구약의 말씀에서, 고대의 종교 역사들에서 잘 나타나고 있습니다. 그같은 해괴망칙한 삼위일체 주장은 사도들의 마음에도 상속되지 않았습니다. 이러한 사실 또한 성경말씀에 있는 그들의 저술들에서 밝히 드러나고 있습니다. 니케아회의(the Council of Nice) 이전 사도들의 교회 안에 있는 어느 누구의 마음에도 소위 삼위일체(三位一體) 교리가 전수되지 않았다는 것은 사도신경(使徒信經)에서 명백히 알 수 있는데, 그 신경에는 영원 전부터 계신 성자는 결코 존재하지 않고, 다만 처녀 마리아에게서 태어난 아들만 존재할 뿐입니다.

하나님에 속한 삼일성(the Trinity of God)은 세상 창조 이후에 세워졌고, 실제적으로는 그 시간이 이르러서, 따라서 주님 구주 예수 그리스도이신 성육신(成肉身)하신 하나님 안에서 형성되었습니다(≪새로운 교회에 속한 경전≫ 35-37쪽).

영원 전부터 또는 세상 창조 이전에 존재하였다는 복수 인격의 삼위일체 주장은, 그것이 그 개념 안에 똬리를 틀고 있기 때문에, 한 분 하나님이시다는 입술의 고백만으로는 결코 소멸될 수 없습니다(≪순정기독교≫ 172항).

3. 삼일성(三一性) 교리의 새로운 이해*20)

기독교인들의 세 분 신령인격들(three Divine persons)에 관한 인식(認識)은, 주님 안에 아버지로 호칭되는 첫째 분, 아들로 호칭되는 둘째 분, 성령으로 호칭되는 셋째 분, 말하자면 세 분 하나님이 삼중(三重)의 한 존재로 계신다는 것에서 야기되었습니다. 이 삼중적인 존재(the Trine)는 성경말씀에서 각기 분별되는 이름들에 관계가 있습니다. 그것은 마치 서로 다른 이름들, 즉 영혼, 육신, 그리고 그것들에서 발출되는 것이, 그러면

---

*20) 이하의 내용은 ≪새로운 교회의 사대교리≫의 '주님론' 55항부터 60항의 내용이다.

서도 서로 합쳐져서 하나(a one)를 형성하는 것과 같습니다. 마치 그것이 하나(a one)를 형성하지 못하지만, 문자적인 뜻으로 성경은 그 본질에 관해서 하나를 형성하는 것들이 서로 다른 것으로 구분되는 것으로 기술하고 있습니다. 이것이 바로 영원부터 주님(the Lord)인 여호와께서 때로는 "여호와"로, 때로는 "만군의 여호와"로, 때로는 "하나님"으로, 때로는 "주님"으로 불리운 이유입니다. 그리고 또한 동시에 그분이 "창조주" "구원주" "속량주" "만드신 분"(the Former) 심지어 "샤다이"(Shaddai)로 호칭되었고, 그리고 그분께서 이 세상에서 입으신 그분의 인성(人性 · His Human)은 "예수" "그리스도" "하나님의 아들"이라고 호칭되었습니다. 그리고 구약의 말씀에서는 "하나님" "이스라엘의 거룩한 분" "여호와의 기름부음 받은 자" "왕" "통치자"(統治者 · the Prince) "화해자"(the Counselor) "천사" "다윗" 등으로 호칭되었습니다.

[2] 성경의 문자적인 뜻으로 성경말씀의 이 특성 때문에, 처음에는 단순하였지만, 말씀의 문자적인 뜻에 따라서 모든 것을 이해하였던 기독교인들은 신령성(神靈性 · the Divinity)을 세 인격(三人格 · 三位 · three Persons)으로 구분하여, 생각하기에 이르렀습니다. 그들의 단순한 성품 때문에 이런 사실이 용납되었지만, 그러나 이런 식으로 그들은 아들(聖子 · the Son)을 무한존재(無限存在 · the Infinite), 비창조적 존재(the Uncreate), 전능존재

(全能存在 · the Almighty), 하나님, 그리고 주님으로 믿어야 했고, 그 아버지(聖父 · the Father)와 꼭 같은 존재로 믿어야 했고, 그리고 그들은 이들 존재가 둘도 아니고, 또 셋도 아니지만, 그러나 본질, 주권(主權)이나 광영에서, 그러므로 신령성(神靈性 · the Divinity)에서 한 분(one)이시다는 것을 믿어야만 했습니다.

[3] 교리에 따라서 단순하게 이것을 믿고, 그리고 세 분 하나님의 개념으로 스스로 확증하지 않고, 오히려 이 셋이 하나를 이룬다고 믿는 그들은 사후 주님에 의하여 천사들을 통하여, 그분 자신이 그 한 분 하나님이시고, 그 삼일성(三一性)이시다는 가르침을 받습니다. 그리고 천계에 온 모두는 이 가르침을 수용합니다. 왜냐하면, 세 분 하나님들을 생각하고, 그러면서도 입으로는 한 분 하나님을 말하는 사람은 천계에 허입(許入)되지 않기 때문입니다. 그 이유는, 온 천계에 속한 삶이나, 모든 천사들의 지혜는 한 분 하나님의 시인(是認)과 이것에서 비롯된 한 분 하나님의 고백(告白) 위에 세워졌기 때문이고, 그리고 이 한 분 하나님이 역시 사람(Man)이시다는 믿음과, 그리고 그분께서, 동시에 하나님과 사람(God and Man) 모두이신, 주님이시다는 믿음 위에 세워졌기 때문입니다.

[4] 이상의 모든 내용에서 볼 때, 명확한 사실은, 그것이 바로, 기독교인들이 처음에 세 분 인격(three persons)의 교리를 받아들이고, 동시에 그들이, 주님께

서는 하나님이시고, 무한존재이시며, 전능자이시고, 여호와이시다는 개념을 받아들인다면, 그것은 허락하신 신령허용(Divine permission)이다는 것입니다. 왜냐하면 그들이 또한 이 교리를 받아들이지 않는다면, 교회로서는 모든 것이 끝이 나고 말 것이기 때문입니다. 그 이유는, 교회는 오직 주님에게서 온 교회가 교회이고, 모두의 영생(永生 · the eternal life)도 주님에게서 비롯되고, 다른 그 어떤 존재에서 오지 않기 때문입니다.

[5] 주님에게서 비롯된 교회만이 참된 교회라는 사실은, 이 하나의 사실, 즉 위에서 설명한 것과 같이, 온 성경말씀은, 처음부터 끝까지, 오직 주님에 관해서만 다루고 있다는 것과, 그리고 사람은 그분만을 믿어야 한다는 것과, 그리고 그분만을 믿지 않는 사람은 영원한 생명(永生 · the eternal life)을 가질 수 없고, 오히려 하나님의 분노가 그들에게 임한다(요한 3 : 36)는 사실에서 아주 명확합니다.

[6] 하나님께서 한 분이시라면, 그분은 인격(人格 · 位 · Person)이나 본질(本質 · Essence)에서 한 분이시다는 것을 자기 자신 안에서 누구나 지금은 볼 수 있기 때문에(그 이유는, 하나님이 한 분이시다고 생각하는 동안은 그 누구도 다르게 생각하지도 않고, 또한 다르게 생각할 수도 없기 때문인데), 아타나시우스에서 그 이름을 취한 그 신조에 속한 전부를 지금 스베덴보리 선생님은 인용하고, 그런 뒤에 거기에 언급된 모든 것들이, 만약 세 분 인

격들의 삼일성(三位 · 三人格 · a trinity of persons) 대신에 한 분 인격의 삼일성(一位 · 一人格 · a trinity of person)으로 이해한다면 참되다는 것을 설명하고있습니다.

4. 아타나시우스 신조(the Creed of Athanasius)의 새로운 이해

아래의 내용은 스베덴보리 선생님께서 그 신조의 바른 이해를 위하여 "재조명"한 내용입니다.

누구든지 구원을 받으려는 사람은, 모든 것들에 우선하여, 그는 가톨릭 교회의 믿음(the Catholic faith)[다른 권위 있는 자들은 기독교라고 말한다]을 갖는 것이 필수적이다. 이 가르침을 의심 없이, 왜곡하지 않고, 그리고 잘 지키지 않으면, 그는 영원히 파멸할 것이다.

가톨릭 교회의 가르침(the Catholic faith)은 [다른 사람들은 기독교라고 말한다] 이와 같습니다. 즉 삼위일체로 계시는 한 분 하나님(one God in Trinity)과 단일성 안에 계신 삼위일체(the Trinity in Unity)를 예배하며, 복수 인격(the Persons)과 혼동하든가, 그리고 실체(實體)[다른 이는 본질(本質) · essence)이라고 함]를 분할(分割)해서는 안 된다. 왜냐하면 거기에는 성부(聖父 · the Father)의 인격(人格 · 位)이 있고, 성자(聖子 · the Son)의 다른 인격이 있고, 또한 성령(聖靈 · the Holy Spirit)의 또다른 인격이 있기 때문인데, 그러나 아버지 · 아들 · 성령의 신격(神格 · Godhead)은 모두 하나이다. 그분의 영광이 동등하고, 그분의 통치권 역시 영원하다.
 아버지(聖父)께서 이런 존재이시고, 아들도, 성령도 이런 존재이시다. 아버지께서 비창조적 존재요, 아들도 비창조적 존재요, 성령도 비창조적 존재이다. 아버지께서 무한(無限)하시고, 아들도 무한하시고, 성령도 무한하신다. 아버지께서 영원하시고, 아들도 영원하시고, 성령도 영원하신다. 그럼에도 불구하고 세 분으로 영원한 것이 아니고, 한 분으로 영원하신다. 꼭 같이 셋이 무한한 것이 아니고, 셋이 비창조적 존재가 아니라, 한 분으로 비창조적 존재요, 한 분으로 무한하신다. 이와 마찬가지로 아버지께서 전능하시고, 아들도 전능하시고, 성령도 전능하신다. 그럼에도 불구하고, 세 전능자들이 계신 것이 아니고, 한 분의 전능자가 계신다. 그러므로 아버지께서 하나님이시고, 아들도 하나님이시고, 성령도 하나님이시다. 그럼에도 불구하고 세 하나님이 계시지 않고, 한 분 하나님만 계신다.
 이와 마찬가지로 아버지께서 주님이시고, 아들도 주님이시고, 성령도 주님이시다. 그럼에도 불구하고, 세 분 주님들이 계시지 않고, 한 분 주님만 계신다. 왜냐하면 우리가 기독교 진리에 의하여 그 인격 하나 하나가 하나님으로 또는 주님으로 반드시 시인하도록 강요되고 있듯이, 우리는 가톨릭교에 의하여 세 분 하나님들이 계신다, 또는 세 분 주님들이 계신다고 말하는 것이 금지되어 있기 때문이다[다른 이들은, 우리가 기독교 믿음에 따라서 세 분 하나님들이나, 세 분 주님들을 말할 수 없다고, 말한다].
 아버지는 무(無 · none)로 만들어졌고, 그 어떤 것으로 창조되지도 않았고, 출생되지도 않았다. 아들은 오직 아버지로 존재하나, 만들어지거나, 창조되지 않고, 다만 출생되었다. 성령은 아버지로, 그리고 아들로 존재하나, 만들어지거나, 창조되거나, 출생되지 않고 다만 발출(發出 · proceeding)될 뿐이다. 그러므로 한 분 아버지가 계실 뿐, 세 분 아버지들은 계시지 않는다. 그리고 한 분 아들만 계시고, 세 분 아들들은 계시지 않고, 또 한 분 성령만 계시고, 세 분 성령들은 계시지 않는다. 그리고 이 삼위일체 안에는 앞선 존재나 뒤이어진 존재가 없고, 다른 존재에 비하여 크거나 또는 작은 존재가 없고, 전 세 인격들(全 三人格 · the whole three persons)이 공동으로 영원하고(coeternal), 공동으로 동등하다(coequal). 그러므로 앞에서 언급한 것과 같이, 만유(萬有) 안에서 삼위일체(三位一體 · Trinity) 안에 단일성(單一性 · Unity)이 있고, 단일성 안에 삼위일체가 존재, 예배되어야 한다[다른 이들은, 한 분 신격(神格 · Godhead) 안에 세 분 인격(three persons)과 세 분 인격 안에 한 분 하나님을 예배하여야 한다고 말한다]. 그러므로 구원받으려는 사람은 반드시 이와 같은 삼위일체를 생각하여야 한다.

  더욱이 영원한 구원의 필수적인 것은, 우리 주 예수 그리스도의 성육신(成肉身 · 化身 · incarnation)을 바르게 믿어야 한다[다른 이들은, 우리 주님께서 바로 사람이시다(our Lord is very Man)는 것을 굳게 믿어야 한다고 말한다]. 왜냐하면 올바른 믿음은 우리 주 예수 그리스도 하나님의 아들이 하나님이시고 사람(Man)이시다는 것을 믿고, 고백하기 때문이다. 아버지의 실체(實體 · substance)[본질(本質 · essence)을 다른 이는 본성(本性 · nature)이라고 말한다]로, 이 세상이 있기 전에 출생된 하나님이시고, 그의 어머니의 실체(實體) [다른 이는 본성(本性)이라고 말한다]로, 이 세상에 태어난 사람 (Man)이시다. 완전한 하나님이시고, 합리적인 영혼(a reasonable soul)과 인간의 몸(human flesh)으로 존재하는 완전한 사람(perfect Man)이시다. 그의 신성(神性)으로 보면 아버지와 동등하시고, 그의 사람됨으로 보면 아버지에 열등(劣等)하시다. 그분이 하나님이시고, 사람(Man)이시다 할지라도 그분은 두 분 그리스도가 아니고, 한 분 그리스도이시다. 그분이 육신을 입고 오시는 것에 의하여 한 분이 아니고, 그의 사람됨(the manhood)을 하나님으로 취하신 것에 의하여[다른 이는, 그는 한 분이시나, 하나님께서 사람으로 변질(變質)된 것이 아니고, 하나님께서 사람됨을 그 자신에서 취하신 것이다 라고 말한다] 한 분이시다. 그분은 실체의 혼합(混合 · confusion of substance) [다른 이는 뒤섞음(commingling)이라고 말한다]에 의하여 한 분이 되시지 않고, 오히려 인격의 단일성(unity of person)에 의하여 [다른 이는, 그분은, 두 본성(本性)이 뒤섞이어서 된 것이 아니고, 오히려 그는 한 인격이시기 때문에, 전적으로 한 분이시라고 말한다] 전적으로 한 분이시다. 왜냐하면 합리적인 영혼과 육신이 한 사람(one man)이듯이, 하나님과 사람은 한 분 그리스도이시며, 그분은 우리의 구원을 위하여 고난을 받으셨고, 지옥에까지 내려가셨고, 그리고 제 셋째 날에 죽은 몸에서 다시 사셨기 때문이다. 그분은, 천계에 오르셨고, 하나님, 전능자이신 아버지의 오른쪽에 앉아 계시며, 거기에서 산 자와 죽은 자를 심판하기 위하여 오실 것이다. 그의 강림 때, 모든 사람은 그들의 육체로 다시 일어날 것이고, 그들의 업적에 따라서 상급(賞給)을 줄 것이다. 그리고 선한 일을 행한 사람은 영생(永生)에 들어가고, 악한 일을 행한 사람은 영원한 불에 들어갈 것이다.

5. 한 인격의 삼일성(三一性 · a Trinity of person)의 개념

여러 인격의 삼위일체(a Trinity of Persons) 대신에 한 인격의 삼일성(a Trinity of Person)으로 이해한다면, 그 신조에 속한 모든 내용들은, 그것의 낱말의 표현에 관한한, 참된 것이다는 것은, 우리가 그것을 다시 옮겨서, 후자의 삼일성을 그것에 대입(代入)하여 보면, 잘 알 수 있을 것입니다. 한 인격의 삼일성(三一性 · 三位一體 · a Trinity of person)은 그 내용이 이렇습니다. 즉—.

주님의 신성(the Lord's Divine)은 아버지이시고,
신령인성(神靈人性 · the Divine Human)은 아들이시고,
발출(發出)하는 신성(the proceeding Divine)은 성령이시다

는 것입니다. 이렇게 삼일성이 이해될 때 사람은 한 분 하나님을 생각하고 고백할 수 있지만, 그러나 세 분 하나님들로 밖에 생각할 수 없다면, 누구가 그것과 다르게 보는데 실족하지 않겠습니까? 아타나시우스 자신도

이것을 보았는데, 그 이유는 아래의 글이 거기에 삽입되어 있기 때문입니다. 즉―.

우리가 기독교 진리에 의하여 그 인격 하나 하나가 하나님으로 또는 주님으로 반드시 시인하도록 강요되고 있듯이, 우리는 가톨릭교에 의하여[또는 기독교 믿음에 의하여] 세 분 하나님들 또는 세 분 주님들을 말하는 것[또는 이름을 부르는 것]이 금지되어 있다.

이것은 이런 내용의 말이 되겠습니다. 비록 기독교의 진리에 의하여 세 분 하나님들, 또는 세 분 주님들에 대하여 시인하고, 생각하는 것이 허용되지만, 그럼에도 불구하고, 기독교 믿음(the christian faith)에 의하여 한 분 하나님이나 한 분 주님 이외의 이름을 부르거나 말하는 것이 허용되지 않는다는 것입니다. 그럼에도 불구하고, 사람이 주님과 결합하고, 그리고 천계와 결합하는 것은, 단순히 말하는 것이 아니고, 시인(是認 · acknowledgment)과 사상(思想 · thought)입니다. 뿐만 아니라, 어느 누구도 이해할 수 없는 것이, 어떻게 해서 한 분으로 존재하는 신령존재(神靈存在 · the Divine)가 세 분 인격들(three persons)로 나누어지고, 그 나누어진 한 분 한 분이 하나님일 수가 있는가? 라는 것입니다. 왜냐하면 신령존재는 분할적 존재(分割的 存在 ·

divisible)가 아니기 때문입니다. 그리고 본질(本質·essence) 또는 실체(實體·substance)를 통해서 셋을 하나로 만든다는 것은, 세 분 하나님들의 개념을 떨쳐버릴 수 없고, 오히려 그들의 합일의 개념을 단순하게 전할 뿐입니다.

6. 새로운 개념에 의한 삼일성(三一性) 교리의 뜻

 여러 인격들의 삼위일체(三位一體·三一性·a Trinity of Persons) 대신에 한 인격의 삼일성(a Trinity of Person)을 이해한다면, 그것의 낱말에 의한 표현에 있어서 이 신조에 속한 모든 내용들이 진실이다는 것은 아래의 형태로 다시 기술한다면 아주 명백할 것입니다. 즉─.

 누구나 구원을 받고자 하는 사람은, 필수적으로 이 기독교의 믿음을 간직하여야 하는데, 기독교의 믿음은 우리가 삼일성 안에서 한 분 하나님을 예배하는 것이고, 그리고 인격의 삼일성을 혼합하지 않고, 또 본질을 나누지도 않는 단일성 안에 있는 삼일성에서 한 분 하나님을 예배하는 것이다. 한 분 인격의 삼일성은 아버지·아들·성령이라고 불리우는 것이다. 아버지·아들·성령의 신성(神格性·Divinity)은 하나이고, 동일하며, 영광도 통치력도 동등하다. 아버지께서 그러하듯이 아들도 그러하고, 성령도 역시 그러하다. 아버지께서 비창조적이고, 아들도 비창조적이며, 성령도 비창조적이다. 아버지께서 무한하시고, 아들도 무한하시고, 성령도 무한하시다. 그럼에도 불구하고 무한한 세 존재가 존재하지 않고, 비창조적인 세 존재가 존재하지 않고, 오히려 비창조적인 한 존재가, 무한한 한 존재가 존재한다. 이와 같이 아버지께서 전능하시고, 아들도, 성령도 전능하시다. 그럼에도 불구하고 세 하나님들이 존재하지 않고, 오히려 한 분 하나님이 존재하신다. 이와 마찬가지로 아버지께서 주님이시고, 아들도, 성령도 주님이시다. 그럼에도 불구하고 세 주님들이 존재하지 않고, 오히려 한 분 주님만 존재한다. 왜냐하면, 기독교의 진리에 의하여 우리들은 하나님이시고 주님이신 한 분 인격 안에 계신 삼일성을 시인하듯이, 기독교의 믿음에 의하여 우리는 한 분 하나님이나 한 분 주님을 고백할 수 있기 때문이다. 아버지는 그 어떤 것으로 만들어지지 않았고, 또한 창조되지도 않았고, 태어나지도 않았다. 아들은 오직 아버지로 존재하고, 그 무엇으로 만들어지지도, 창조되지도 않았지만 다만 태어났을 뿐이다. 성령은 아버지와 아들로 존재하고, 그 무엇으로 만들어지지도, 창조되지도, 태어나지도 않고 다만 발출될 뿐이다. 그러므로 세 분 아버지들이 아니고, 한 분 아버지께서 존재하시고, 세 분 아들들이 아니라 한 분 아들이 존재하고, 세 분 성령들이 아니고, 한 분 성령이 존재한다. 이와 같은 삼일성 안에는 어느 누구가 가장 크지도 않고, 가장 작지도 않으며, 오히려 그들은 전적으로 동등하다. 그러므로 앞에서 언급하였듯이 모든 것들 안에서, 단일성은 삼일성 안에, 삼일성은 단일성 안에 존재하고, 예배되어야 한다.

[1] 이 신조 안에서 하나님의 삼일성과 단일성은 이 정도입니다. 그 신조는, 그 뒤, 성육신(成肉身 · incarnation)이라고 부르는 주님께서 이 세상에 계실 때 주님의 인성을 입음을 다루고 있습니다. 이 점에 관하여 이 신조에 언급된 모든 내용은, 만약 주님께서 그 때 시험과 십자가의 고난을 받으셨듯이, 주님께서 겸비(謙卑 · humiliation)의 상태, 즉 비우는 상태(이사야 53 : 12 참조)에 있을 때 있었던 어머니에게서 비롯된 인간과 영광화의 상태, 또는 합일의 상태에 있을 때, 주님께서 계셨던 아버지에게서 비롯된 인성(人性 · the Human) 사이에서 명료하게 분별을 한다면, 진실된 것입니다. 왜냐하면 이 세상에서 주님은, 영원부터 주님이신 여호와로 잉태된 인성(人性 · a Human)을 입으셨고, 처녀 마리아에게서 태어났기 때문입니다. 그러므로 주님께서는 신성(神性 · a Divine)과 인간(人間 · a Human) 모두를 취하셨는데, 신성은 영원부터 그분의 신성에게서부터 신성을, 그리고 시간 안에서는 어머니 마리아에게서부터 인간을 취하셨습니다. 그러나 주님께서는 후자인 인간을 벗으시고, 신령이신 인성(a Human)을 입으셨습니다. 이

인성(this Human)을 신령인성(the Divine Human)이라고 부르는 존재이고, 그리고 성경에서 "하나님의 아들"(the Son of God)이 뜻하는 것입니다. 그러므로 그 신조에서 처음에 성육신(成肉身)에 관하여 언급된 것들은, 모계적 인간(母系的 人間 · maternal human)(주님께서는 겸비의 상태에 있을 때 이 인간 안에 계셨는데)으로 이해한다면, 그리고 그 뒤에 이어지는 내용들은 신령인성(the Divine Human)(주님께서는 영광화의 상태에 있을 때 이 신령인성 안에 계셨다)으로 이해한다면, 그 신조에서 언급된 모든 내용들은 일치한다고 하겠습니다. 모계적 인간(주님께서 겸비의 상태에 있을 때 이 인간 안에 계셨는데)은 그 신조 처음에 언급된 아래의 설명에 일치한다고 하겠습니다. 즉—.

예수 그리스도는 하나님이었고, 사람이었다. 아버지의 실체(實體)로는 하나님이고, 어머니의 실체로는, 이 세상에 태어 난, 사람이시다. 합리적인 영혼과 인간 육신으로 이루어진 완전한 하나님이고, 완전한 사람이다. 신격성(神格性 · Godhead)에 관해서는 아버지와 동등하지만, 인간 됨됨이(人間性 · manhood)에 관해서는 아버지에 열등(劣等)하다.

이 인간 됨됨이가 신격적으로 바뀐 것도 아니고, 그것들이 서로 뒤섞인 것(混合)이 아니고, 그 인간 됨됨이는 벗으셨고, 그 자리에 신령인성을 입으셨다.

신령인성(주님은 영광화의 상태에 있을 때 이 인성 안에 계셨고, 지금은 영원히 그 인성으로 계신다)은 그 신조 안에 있는 아래의 내용과 일치합니다.

우리 주 예수 그리스도, 하나님의 아들은 하나님이시고, 사람이시지만, 그럼에도 불구하고 그 분은 둘이 아니고, 한 분 그리스도(one Christ)이시다. 정말로 그분은 한 분이시다. 왜냐하면 그분은 한 인격이시기 때문이다. 합리적인 영혼과 육신이 한 사람이듯이, 하나님과 사람(Man)은 한 분 그리스도(one Christ)이시기 때문이다.

[2] (그 신조에 언급한 것과 같이) 주님 안에 계신 하나님과 사람은 둘이 아니고 한 분 인격이시고, 영혼과 육신이 한 사람인 것과 같이 정말로 한 분이시다는 것은 주님께서 친히, 아버지와 그분은 하나이시고, 그리고 아버지의 것은 모두 주님의 것이고, 주님의 것이 모두 아버지의 것이다, 주님께서는 아버지 안에, 아버지는 주님 안에 계신다, 모든 것들은 주님의 손에 맡기셨다, 주님은 모든 능력을 가지셨다, 주님은 천지(天地)의 하나님이시다, 누구든지 주님을 믿는 사람은 영생을 얻는다라고 말씀하신 많은 말씀들에서, 그리고 더 나아가, 신성과 인성에 관해서 주님은 천계에 올리워졌다고 그분에 관해서 언급된 말씀에서, 그리고 이 양자에 관하여, 그분이 전능하시다는 것을 뜻하는 말로, 주님께서 하나

님 오른쪽에 앉으셨다는 말씀들에서, 아주 명확합니다. 위에서 인용한 주님의 신령인성에 관해서 언급하고 있는 성경말씀의 여러 구절들은 다시 반복하지 않겠지만, 그 모든 구절들은 "하나님께서는 인격이나 본질에 있어서 한 분이시다는 것과, 그분 안에 삼일성(三一性·三位)이 존재한다는 것, 그리고 이 하나님이 주님이시다"는 사실을 증거하고 있습니다.

참고문헌
1. 그리스도교 대사전. 기독교서회
2. 스베덴보리 지음, 순정기독교(상·하). 이모세·이영근 옮김. 예수인
3. 스베덴보리 지음, 새로운 교회의 사대교리. 이영근 옮김. 예수인
4. 스베덴보리 지음, 스베덴보리 신학총서 개요(상·하). 이영근 옮김. 예수인
5. 스베덴보리 지음, 천계비의(32권). 이영근 옮김. 예수인
6. 로저 올슨·크리스토퍼 홀 지음. 삼위일체. 이세형 옮김. 대한기독교서회
7. 헌법. 대한예수교장로회 총회

후기(後記) : 팔불출(八不出)의 고언(苦言)

이 책자는 2014년 8월 25일 ≪예수교회 제일예배당≫에서 주최한 제4회 예수인 포럼에서 발표한 "삼위일체(三位一體) 교리에 대한 소고"의 내용을 각색(脚色), 편집한 것입니다.

그리고 이 책의 내용 가운데 주어가 일인칭이나 일인칭적인 표현은 "스베덴보리 선생님"을 뜻한다는 것도 밝힙니다.

지금은 고인이 되신 한 준명(韓 俊明) 목사님께서는 "내가 우리나라에서는 '제일 처음으로 예수가 하나님이시다'는 것을 말할였지"라고 말씀하시고는 하셨습니다.

저는 이 책 ≪스베덴보리의 삼일성(三一性)≫을 출판하면서 이런 고약한 생각을 하였습니다. "이 책은 종교사(宗教史)적으로는 전 기독교계에 대한 도전(挑戰)이고, 역사적으로는 인류문화사에의 도전"이라는 생각을 하였습니다. 어떤 사람은 나의 이런 생각에 대하여 한마디로 이단사설(異端邪說)이라고 일축(一蹴)할 것입니다. 그것은 곧 "종교개혁(宗教改革)은 마틴 루터(1486-1546) 선생님이 하신 것이 아니고, 스베덴보리 선생님께서 행하셨다"는 명제(命題)입니다.

이와 꼭 같은 또 다른 예는 "콜럼버스(1451?-1506)가 아메리카 신대륙을 발견했다"는 거짓이고, "구텐베르그(1400?-1468)가 금속활자(金屬活字)를 발명했다"는 오류(誤謬)입니다. 왜냐하면 콜럼버스가 이른바 신대륙에 도착하였을 때는 거기에 홍인종(紅人種), 즉 '아메리칸 인디안'이 살아 있었기 때문이고, 그리고 우리가 잘 알고 있듯이 금속활자(金屬活字)는 그에 비하여 200여년 앞서 1234년경 우리의 선조의 나라 고려에서 처음으로 만들어졌기 때문입니다.

종교개혁(宗敎改革)에 관해서 말씀드리겠습니다. 종교(宗敎)의 요체(要諦)는 신관(神觀), 즉 주님론이고, 경전(經典), 즉 성서론(聖書論)이고, 내세관(來世觀), 즉 구원론(救援論)입니다. 이런 내용에서 볼 때 종교개혁자라고 불리우는 루터는 아무것도 한 것이 없습니다. 더욱이 우리나라의 보수교단에서 외치는 이른바 "말세론적 종말론(末世論的 終末論)" 신봉자(信奉者)는 내세(來世), 즉 주님나라(天國)을 믿지 않는 것입니다. 왜냐하면 그들의 내세는 "이 땅에서 영원히 산다"는 것이기 때문입니다. 주님나라는 사람이 육신을 벗는 이른바 "죽음" 뒤에만 가는 나라입니다. 그러므로 예수님께서 이 땅에 재림한 뒤에 이 땅에 세워질 "주님나라"에서 산다는 '말세론적 종말론' 신봉자들은 엄밀한 뜻에서는 종교인, 즉 기독교인이라고 할 수 없겠습니다. 지나치게 말하면 이들은 '정도령 신봉자'나 '미륵 사상 신봉자'라고 하겠습니다.

제가 지금 이런 글을 쓰고, 말을 하는 것은 옛날 같으면 돌로 때려 죽일 일입니다.

사람의 숫자가 많으면 옳다는 다수결(多數決)의 원칙이 절대적인 가치인 진리에까지 사람의 숫자로 결정하는 사람들의 어리석음을 우리 주변에서 우리는 많이 보았습니다. 그 대표적인 예가 바로 우리 주님의 십자가 처형(處刑)이라고 하겠습니다. "십자가에 못 박으라"고 외친 다수(多數)의 무리가 진정한 진리였습니까? 이러한 사실은 우리나라의 이런 저런 재판의 결과가 잘 입증(立證)하고 있지 않습니까!

종교는 물론이고, 기독교나 기독교 신학이나 그 교리도 근본적으로는 "주님론"의 기초 위에 정립(鼎立)됩니다. 그러므로 바른 신관(神觀)이 크게는 신학이나 교리나 가시적인 교회는 물론이고, 작게는 한 인생(人生)의 종말(終末)까지도 이 신관, 즉 "주님"으로부터 출발되고, 종결됩니다. 따라서 "삼일성의 교리"(三一性敎理 · 三位一體敎理)는 기독교의 교리나 신학, 또는 그 신도들의 신앙의 요체이기 때문에 그것의 바른 이해나 온당한 가르침만

이 "바른 기독교 · 바른 교회 · 바른 신앙"을 정립한다고 하겠습니다. 이른바 삼신이주(三神二主 · 세 하나님 두 주님), 즉 하나님 아버지(聖父) · 하나님 아들(聖子) · 하나님 성령(聖靈)이라는 삼신(三神)과 하나님 아버지 주님, 하나님 아들 주님이라는 이주(二主)는 우리 주님을 이른바 다신(多神)의 '괴물'(怪物)로 만드는 꼴이고, 따라서 이런 삼신이주(三神二主)의 신관이 깨어질 때, 진정한 주님 예배가 있고, 따라서 진정한 교회가 세워질 것입니다.

여기서 또 하나 제언하는 것은 이른바 "위"(位)의 개념입니다. 국어사전은 그 낱말의 뜻을 "신위(神位)를 세는 단위"라고 하였습니다. 우리가 더 연구하여야 할 일이지만, 우리 주님에 관해서 "삼위"(三位)라는 표현은 적절하지 않다고 생각하였습니다. 그래서 존재(存在)되시는 하나님과 실체(實體)되시는 아드님과 그분의 신령활동(神靈活動)되시는 성령을 모두 아우르는 낱말로 "삼일성"(三一性)이라는 낱말을 사용하였습니다. 계속해서 연구, 좋은 낱말을 찾아야 하겠습니다.

목사임직을 맡은 이래 44년이라는 긴 세월 동안 《예수교회 제일예배당》을 섬길 수 있도록 모든 여건을 허락하시고, 인도해 주신 주님의 은혜와 축복에 대해서 먼저 주님께 찬양과 감사를 돌려드

립니다. 그리고 제가 이런 것들을 생각할 수 있도록 격려해 주시고, 참고 기다려 주신 ≪예수교회 제일예배당≫ 교우 여러분과 그리고 저희 책들을 위해 그간 귀한 헌금을 해 주신 여러분과 그간 저희 불비(不備)한 책들을 애독(愛讀)하여 주신 독자 여러분과 궂은 일 겪으면서 옆에서 도와준 내자 이문희 권사에게 거듭 감사의 말씀을 드립니다.

 끝으로 이 소책의 출간을 위해 헌금하신 고 임승순 선생님과 그의 부인 한경업 권사님에게 감사의 말씀을 드립니다.

감사합니다.

2014년 추석날
예수님의 종　이영근

◇ 예수인의 책들 ◇

순정기독교 (상·하) 스베덴보리 지음·이모세·이영근 옮김 각권 값 20,000원
혼인애 스베덴보리 지음·이영근 옮김 값 35,000원
천계와 지옥 (상·하) 스베덴보리 지음·번역위원회 옮김 각권 값 11,000원
신령사랑과 신령지혜 스베덴보리 지음·이모세·이영근 옮김 값 11,000원
최후심판과 말세 스베덴보리 지음·이영근 옮김 값 9,000원
천계비의 ① 아담교회 - 창세기 1-5장 영해 - 스베덴보리 지음·이영근 옮김 값 11,000원
천계비의 ②③ 노아교회 [1].[2] - 창세기 6-8장 / 9-11장 영해 - 스베덴보리 지음·이영근 옮김 각권 값 11,000원
천계비의 ④-⑱ 표징적 교회 [1][2][3][4][5][6][7][8][9][10][11][12][13][14][15] - 창세기 12-14/15-17/8-19/20-21/22-23/24-25/26-27/2 8-29/30-31/32-34/35-37/38-40장/41-42장/43-46장/47-50장 영해 - 스베덴보리 지음·이영근 옮김 각권 값 14,000원
천계비의 ⑲-29 표징적 교회 - 출애굽기 1-40장 영해 - 스베덴보리 지음·이영근 옮김 각권 값 17,000원
묵시록 해설 [1] 스베덴보리 지음·이영근·박예숙 옮김 값 15,000원
스베덴보리 신학총서 개요 (상.하) 스베덴보리 지음·M. 왈렌 엮음·이영근 옮김 각권 값 45,000원
새로운 교회의 사대교리 스베덴보리 지음·이영근 옮김 값 40,000원
이대로 가면 기독교 또 망한다 이영근 지음 값 12,000원
성서영해에 기초한 설교집 ≪와서 보아라≫[1].[2].[3] 이영근 지음 각권 값 9,000원
천계비의 색인·용어 해설집 이영근 편찬 값 57,000원

* 이 책들은 교보문고·영풍문고에서 구입할 수 있습니다.

□ 옮긴이 약력

이 영 근 서강대학교 경상대학 경제학과, 중앙대학교 사회개발 대학원 사회복지학과, 한국 새교회 신학원에서 공부하였으며, 예수교회 목사로 임직한 이후 예수교회 공의회 의장을 역임하였고, 월간「비지네스」편집장, 월간「산업훈련」편집장, 한국 IBM(주) 업무관리부장을 역임하였다. 현재 예수+교회 제일예배당 담임목사이고, 「예수+교회」발행인 겸 편집인, 도서출판〈예수인〉대표이다. 역서로는 스베덴보리 지음〈순정기독교 상·하〉(공역·1995),〈최후심판과 말세〉(1995), 우스터 지음〈마태복음 영해〉(1994), 스베덴보리 지음〈천계비의1권〉아담교회·2권 노아교회[1]·3권 노아교회[2]·4권 표징적 교회[1]·5권 표징적 교회[2]·6권 표징적 교회[3]·7권 표징적 교회[4]·8권 표징적 교회[5]·9권 표징적 교회[6]·10권 표징적 교회[7]·11권 표징적 교회[8]·12권 표징적 교회[9]와 13권 표징적 교회[10]·14권 표징적 교회[11]·15권 표징적 교회[12]·16권 표징적 교회[13]·17권 표징적 교회[14]·18권 표징적 교회[15]·19권 표징적 교회[16]·20권 표징적 교회[17]·21권 표징적 교회[18]··22권 표징적 교회[19]·23권 표징적 교회[20]·24권 표징적 교회[21]·25권 표징적 교회[22]·26권 표징적 교회[23]·27권 표징적 교회[24]·28권 표징적 교회[25]·29권 표징적 교회[26]·30권 표징적 교회[27]〈천계와 지옥(上·下)〉(공역·1998),〈신령사랑과 신령지혜〉(공역·1999),〈혼인애〉(2000),〈스베덴보리 신학 총서(上·下)〉(2002),〈영계일기[1]〉(공역·2003)·영계일기[2]〉(공역·2006),〈영계일기[3]〉(공역·2008),〈영계일기[4]〉(공역·2009),〈영계일기[5]·[6]〉(공역·2011),〈새로운 교회의 사대교리〉(2003),〈묵시록 해설 1권·2권·3권〉(공역 2008)과,〈묵시록 계현 1권·2권·3권·4권·5권〉(2009-2010), 저서로는〈이대로 가면 기독교 또 망한다〉(2001), 성서영해에 기초한 설교집〈와서 보아라〉[1]·[2](2004)와 [3](2005)이 있고, 편찬으로는〈천계비의 색인·용어 해설집〉이 (2014) 있다.

스베덴보리의 삼일성(三一性)

2014년 9월 24일 인쇄
2014년 9월 30일 발행
지은이 이 영 근
펴낸이 이 영 근
펴낸곳 예 수 인
    1994년 12월 28일 등록 제 11-101호
    (우) 157-014
연 락 처· 예수교회 제일예배당 · 서울 강서구 화곡 4동 488-49
전   화   0505-516-8771· 2649-8771· 2644-2188
대금송금 국민은행 848-21-0070-108 (이영근)
       우리은행 143-095057-12-008 (이영근)
       우 체 국 012427-02-016134 (이영근)

ISBN 97889-88992-10-4 04230(set)　　　값 10,000원
ISBN 97889-88992-63-0 04230